DESCRIPTION

DU

MUSÉE D'HISTOIRE NATURELLE

ET DU

JARDIN BOTANIQUE & ZOOLOGIQUE DE TOURS

PAR

Ernest COTTY,

MEMBRE DE LA SOCIÉTÉ ENTOMOLOGIQUE DE FRANCE, DE LA SOCIÉTÉ
LINNÉENNE DU NORD DE LA FRANCE, ETC., ETC.

AMIENS,

Imprimerie LENOEL-HEROUART, rue des Rabuissons, 30.

—

1872.

DESCRIPTION

DU

MUSÉE D'HISTOIRE NATURELLE

ET DU

JARDIN BOTANIQUE & ZOOLOGIQUE DE TOURS

PAR

ERNEST COTTY,

MEMBRE DE LA SOCIÉTÉ ENTOMOLOGIQUE DE FRANCE, DE LA SOCIÉTÉ
LINNÉENNE DU NORD DE LA FRANCE, ETC., ETC.

AMIENS,

Imprimerie LENOEL-HEROUART, rue des Rabuissons, 30.

—

1871.

*Extrait des Mémoires de la Société Linnéenne
du Nord de la France, t. II, p. 280.*

SOMMAIRE :

I. Musée d'Histoire naturelle.

II. Jardin Botanique et Zoologique.

DESCRIPTION

DU

MUSÉE D'HISTOIRE NATURELLE

ET DU

JARDIN BOTANIQUE ET ZOOLOGIQUE DE TOURS.

L'idée d'adresser à la Société Linnéenne du Nord de la France, dans un but d'utilité, un simple aperçu sur le Musée d'Histoire naturelle, ainsi que sur le Jardin botanique et zoologique de Tours, s'est présentée à moi après plusieurs visites successives à ces deux établissements; non pas que je formule le vœu chimérique que le futur Musée zoologique d'Amiens — (car bien certainement cette cité importante, amie des sciences, des lettres et des arts, sera dotée d'un vrai Musée d'Histoire naturelle dans un avenir prochain) — soit calqué sur celui du chef-lieu de la Touraine. Notre petit Musée ne saurait avoir la prétention de servir de modèle-type, tant s'en faut, à des fondations analogues dans les grandes villes de France encore privées de ces

1

6

palpables arcanes de la nature, sorte de livre ouvert dont les pages n'ont pas besoin d'être feuilletées pour distraire ou instruire, aussi bien ceux qui sont étrangers à l'Histoire naturelle que ceux qui s'y adonnent; car, là, on n'a qu'à jeter un simple coup d'œil en passant dans des casiers. Mais il me semble qu'il doit néanmoins y avoir quelques bonnes observations à présenter dans un pareil sujet, et qu'une Société qui se fonde et qui ne possède encore que quelques éléments épars de collections de son ressort, peut y trouver, du moins j'ose l'espérer, des renseignements qui ne sont pas dépourvus d'un certain à propos.

Du reste, sans recourir si loin, Amiens n'a-t-il pas sous la main, à une distance qui se franchit en deux ou trois heures, les Musées de Douai et de Boulogne-sur-Mer, dont je parle spécialement parce que je les ai explorés, bien plus riches et plus complets que celui dont il s'agit; Musées qui, sans compter celui d'Abbeville, ont en outre l'avantage de faire partie de la circonscription de la Société Linnéenne, et qui peuvent, à un moment donné, être consultés à profit.

Malgré ces considérations, je n'hésite pas à esquisser rapidement un tableau aussi exact et intéressant que possible des deux établissements d'Histoire naturelle de la ville de Tours ; car je suis d'avis, moi qui ai un peu voyagé, qu'on a chance de rencontrer du nouveau en perdant quelquefois de vue son clocher.

1

MUSÉE D'HISTOIRE NATURELLE.

Le Musée d'Histoire naturelle est assez bien situé; il occupe le second étage de l'édifice parallèle et identiquement semblable à l'Hôtel-de-Ville, à l'entrée de la rue Royale, en face du grand pont de pierre et de la statue de René Descartes. Les galeries du premier étage sont affectées à la peinture, à la sculpture et aux antiquités. Il prend jour sur le magique et vaste panorama de la Loire, et se trouve en conséquence assez bien éclairé, quoiqu'il le serait probablement mieux encore si la lumière venait d'en haut, car la clarté n'est pas entièrement suffisante au fond de quelques salles.

Le public est admis à visiter ces galeries le jeudi et le dimanche.

Nous tâcherons de suivre, autant que possible, le classement général assigné au *Règne animal*, c'est-à-dire en commençant par les *vertébrés*, qui comprennent les *mammifères*, les *oiseaux*, les *reptiles*, les *batraciens* et les *poissons;* en continuant par les *entomozoaires*, qui se subdivisent en *articulés* et en *vers;* puis par les *mollusques*, et en terminant par les *zoophytes*, formés des *radiaires* et des *spongiaires;* et finalement par quelques mots succints sur la *Paléontologie*, puis, d'une manière incidente, sur la *Minéralogie*, dont la collection est cependant fort riche, puisqu'elle prend deux salles à elle seule.

MAMMIFÈRES.

Bimanes.

Le premier ordre des *Mammifères*, groupant les différentes races humaines, techniquement les *bimanes*, n'est pas représenté et ne peut l'être du reste qu'au Muséum de Paris, à la section spéciale d'*Anthropologie*, et dans les Musées plus complets des grandes capitales de l'Europe. Ici, il y a seulement trois ou quatre crânes ayant servi ou pouvant servir plutôt à la phrénologie qu'à l'histoire naturelle; un ou deux fœtus verdâtres et fort laids, noyés dans des bocaux d'alcool, et un squelette du premier âge dans une vitrine portant l'étiquette de *Squelettologie*, qui renferme en outre le système osseux de divers animaux de petite dimension.

D'ailleurs les mammifères en général sont clair-semés au Musée de Tours, qui est très-pauvre sous ce rapport comparativement à d'autres Musées de province.

Quadrumanes.

Ce deuxième ordre possède la Macaque bonnet-chinois (*Macacus sinicus*, Cuvier), du Bengale, et la Macaque ordinaire (*Macacus cynomulgus*), d'Afrique.

Le Sajou gris, race simiane du Brésil, avec de très-gros yeux à fleur de tête, une frimousse éveillée et drôlette, aux tons blanchâtres et blafards, qui contraste sur un corps brun, et rappelle le visage enfariné des pierrots en temps de carnaval.

L'Ouistiti à camail (*Jacchus humeralifer*), de même origine, ayant de longs poils noirs au-dessus des oreilles, simulant des touffes de cheveux ébouriffés et mal peignés.

Le singe *Cynocéphale,* le *Chimpanzé* et l'*Orang-Outang* n'existent pas dans cette exhibition.

Chéiroptères.

Les Chauves-Souris, qui ne sont ni chair ni poisson, comme on dit vulgairement, ou plutôt tenant de l'oiseau par les ailes et s'éloignant du quadrupède par les pieds, se trouvent sur la limite de divers ordres d'animaux. Aussi Lafontaine, qui était non-seulement le fabuliste des fabulistes, mais un grand observateur, leur fait dire avec justesse :

> « Je suis oiseau, voyez mes ailes.
> » Je suis souris, vivent les rats ! »

Ces vilains mammifères, d'aspect spectral, sont représentés par la Roussette d'Edwards (*Pteropus vampirus* ou *Edwardsii*), de Java, aux ailes très-noires, transparentes comme du crêpe de deuil, ou des toiles d'araignées couvertes de poussière de charbon ; au museau de lévrier, au corps velu d'un roux foncé, et aux longues oreilles. Ce Chéiroptère mesure de 50 à 60 centimètres d'envergure.

Trois Vespertilions ordinaires ou Oreillards (*Vespertilio murimus*, Linné), d'Europe. Ces chauves-souris ont aussi des oreilles démesurées, et varient de teinte et de dimension ; l'une est noire, l'autre gris-perle, et la troisième a le corps fauve-clair et les ailes blanches.

Insectivores.

En fait de petits mammifères insectivores, il n'y a ici que deux Taupes (*Talpa*), l'une étiquetée *Variété nankin*, l'autre *Variété blanche*, aux poils touffus, fins et veloutés, présentant au toucher la douceur du duvet de l'épi du roseau, dont elles ont la forme arrondie et cylindrique; particularité qu'elles partagent du reste avec les taupes noires ordinaires, qui font tant de ravages dans les champs et les grands jardins, avec la collaboration inintentionnelle et non concertée de la courtilière.

Puis deux Hérissons, le gris commun et une variété du même insectivore, auprès desquels le péricarpe de la châtaigne ou du datura sauvage a le velours de la pêche.

Carnivores.

Les carnivores ou *Carnassiers* ont pour les représenter le Putois commun (*Putonicus*), qui tire son nom de l'odeur fétide qu'il répand.

La Martre-Hermine (*Mustela erminea*, Lin.), blanche naturellement *comme la blanche hermine* du suave et charmant motif musical de l'opéra des *Huguenots*, du maëstro Giacomo Meyerbeer.

Deux Fouines (*Mustela fouina*, Lin.), de couleur blanche également, mais à queue brune, et une variété de la même dont le pelage est différent.

La Loutre d'eau douce ou de marais, à robe roussâtre, indigène. Je n'ai pas vu celle qui est havane-clair, dont on faisait autrefois les abominables et ébouriffantes casquettes rappelant les calottes d'astrakan des Tatars et des Cosaques.

Un pauvre Chat domestique (*Felis communis*), adulte, qui paraît étonné de se trouver en si singulière compagnie, mais qui cependant est à sa vraie place; et un autre tout petit chat que l'on regrette presque de voir empaillé si jeune... *Pecayre!* comme diraient les Provençaux.

Un Lion ♀, de Tunis, à l'âge de deux ans, qui, malheureusement pour lui, n'a pas tenu ce qu'il promettait de devenir.

Deux Genettes, une d'Espagne (*Genetta hispanica*), fauve, tachetée de noir comme la civette, à laquelle elle ressemble; la seconde, plus grande, est la *Genetta viverra* d'Europe; elle appartient à la faune locale en même temps.

Deux Mangoustes, — que les anciens appelaient *Ichneumons*, — l'une d'Egypte (*Herpestes Pharaonis*, Geoffroy Saint-Hilaire), au pelage chiné, ayant une corpulence double de celle du rat palmiste; l'autre de Californie, plus petite.

Un gros Chien d'Irlande, dit *Terre-Neuve*, noir et blanc; et deux petits Epagneuls assez bien troussés, vrais *toutous* de coin du feu, roulés en boule et semblant jouir des douceurs d'une somnolence sybaritique.

Un Loup ♀ (*Canis lupus*), carnassier digitigrade, comme les précédents, fauve-clair en dessus, blanc-jaunâtre en dessous, d'une taille imposante, et armé d'un fort respectable râtelier, quoiqu'il n'ait que trois ans. Cette louve a été prise à quelques kilomètres de Tours.

Deux Renards communs (*Canis vulpes*, Lin.).

Le Blaireau d'Europe (*Ursus meles*, Lin.), carnivore plantigrade comme l'ours, à tête aux bandes alternées blanco-noires.

Je n'ai vu ni *Vison*, ni *Furet*, ni *Moufette*, ni *Belette*, ni *Civette*... Pas de civette!... Mais c'est presque une injure à

Horace Vernet ; car je crois bien me rappeler avoir lu quelque part que c'est ce grand peintre en personne qui a immortalisé la civette populaire du Palais-Royal, en faisant le portrait de ce petit animal sur l'enseigne du fameux établissement nicotinien, autrement dit, en français tout simple, tout uni et sans prétention, du bureau de tabac si connu des priseurs, actuellement exproprié et transféré vis-à-vis. — *Sic transit gloria mundi !*

On remarque de plus, avec stupeur, dans le fond de cette vitrine, une curiosité ; c'est une sorte de *momie de chat,* ainsi qualifiée sur l'étiquette officielle, dans une posture ramassée, torturée et hideuse, à l'épine dorsale suraiguë à chaque vertèbre, digne du crayon humoristique et fantasque de Callot ; trouvée dans un ancien sarcophage de l'église Saint-Julien. — Mystère et problème pour l'imagination et pour la pensée.

* * *

Amphibies.

Il n'existe à Tours qu'un seul mammifère marin de ce groupe particulier : le Phoque ponctué (*Phoca punctata*), originaire des îles Kourides, dont la longueur est de plus d'un mètre, et qui a le pelage brillant et marqueté de gris-cendré et de marron. On se sert de cette peau pour fabriquer notamment des blagues à tabac en rouleau, fort communes, mais commodes pour les fumeurs.

* * *

Rongeurs.

Les Rongeurs sont assez nombreux ; étant généralement de petite taille, ils tiennent peu de place sur les étagères, ce qui les rend pour la plupart faciles à se procurer. Je vais les prendre à peu près comme ils viennent dans leur agencement semi-méthodique.

Il y a donc le Lapin (*Lepus communis*) et le Lièvre commun (*Lepus luridus*), dont la timidité jointe à l'agilité font la sauve-garde contre les chasseurs, mais qui ne sont cependant jamais en sécurité absolue.

Le Rat palmiste d'Afrique. — Le Rat d'eau ou Campagnol amphibie (*Mus amphibius*), d'Europe. — Le Rat à queue poilue (*Mus lagurus*), de Touraine, du moins celui-là, car la Touraine n'est pas leur domaine exclusif. — Le Rat blanc ou albinos (*Mus albus*).

Plusieurs Gerboises, — appelées anciennement *Dipodes*, rats à deux pieds — (*Dipus gerbosa*), d'Algérie, à très-longue queue et aux allures sautillantes du Kanguroo, ayant de même, mais en diminutif, les pattes postérieures vigoureusement organisées pour la sauterie la plus effrénée, tandis que celles de devant paraissent atrophiées par leur exiguïté.

Un Cochon-d'Inde ou Cobaye (*Cavia cobaya*, Lin.), animal d'un brun-jaunâtre, avec des marques blanches qui rehaussent et égaient infiniment sa fourrure.

Une Oryctée du Cap (*Gearycus capensis*, Illiger), rongeur pas plus gros que le rat ordinaire.

Je n'ai pu découvrir ni *Marmotte*, ni *Chinchilla*, ni *Souris*, ni *Porc-Epic*, ni *Castor*, etc., ce qui prouve que j'ai étudié mon sujet avec attention.

Deux Ecureuils communs, à mine éveillée, à longue queue en panache, les plus jolis et les plus gracieux petits quadrupèdes des forêts, rongeant traditionnellement en effigie, l'un une noix, l'autre une noisette.

Puis, pour terminer la série des *rongeurs*, deux Loirs, le

Muscardin (*Myoxus muscardinus*), et le Lérot (*Myoxus nitelela*), dont j'ai l'avantage de posséder en ce moment un échantillon très-vivant et très-vivelet dans une cage. Je le nourris de pain, de tranches de pommes, voire de biscuit et de sucre, à l'occasion, dans les jours de grande largesse, ainsi que de plusieurs autres chatteries non moins recherchées, notamment des *quatre mendiants*, de classique dénomination. Ce petit rongeur, très-gentillet, alerte et omnivore, dort profondément pendant tout l'hiver comme une vraie marmotte savoyarde, à moins qu'on ne l'approche du foyer, ce qui interrompt brusquement les délices de son sommeil de plomb. A force de bons soins, d'attentions et de gâteries, il commence à s'apprivoiser quelque peu, ou plutôt à devenir moins sauvage. Il sort souvent de son domicile légal entre deux fils de fer dont l'interstice est juste assez large pour permettre à sa petite personne de s'évader; il y rentre de lui-même, *motu proprio*, et spontanément, mais souvent après avoir joué adroitement à cache-cache avec son paternel et amical geôlier. S'il reste trop longtemps à vagabonder et à aller à la maraude dans la chambre, on est obligé de recourir aux grands moyens, aux mesures extrêmes, c'est-à-dire de procéder à sa réincarcération dans sa cage par le moyen préliminaire et perfide d'une ratière, expédient traître et rigoureux à la vérité, mais indispensable, et qui a toujours été couronné jusqu'à présent d'une heureuse et légitime réussite, malgré son renouvellement fréquent.

Édentés.

Le Tatou à 9 bandes, ainsi désigné sans latin de catalogue, natif des Indes, mammifère bizarre, enveloppé d'une épaisse cuirasse ou carapace qui ressemble à de l'ivoire sculpté et ornementé, représente à lui seul, au Musée, l'ordre des *Édentés*.

Absence totale de *Fourmilier* ou *Tamanoir*, d'*Aï* ou *Paresseux*, unique type actuel de ce genre, qui avait, il y a des siècles, des congénères antédiluviens de taille colossale et mastodontesque. Absence aussi de *Pangolin*, de *Chlamydophore*, peut-être la plus étonnante organisation des *Édentés*, qui du reste sont tous plus exraordinaires les uns que les autres.

Ruminants.

Les quadrupèdes ruminants n'ont pour spécimens, dans les rayons qui leurs sont consacrés, que les trois animaux suivants : le Roi des Chevrotains, qui a de très-courtes cornes pointues à peine apparentes, est de petite taille, et dont l'habitat reconnu s'étend du Congo jusqu'au cap de Bonne-Espérance.

Un Axis ♀, des Indes-Orientales, sans appendice cornu, au poil fauve avec ponctuations blanches, de la grandeur de la gazelle d'Algérie.

Une Antilope ♀, du Sénégal, aux pattes fines et déliées qui témoignent de son agilité incomparable, je dirais même sagittale, si l'on ne se récriait pas trop contre ce néologisme nécessaire.

Il y a ici la même remarque à faire que pour les *Pachydermes* qui vont suivre, c'est-à-dire que les salles actuelles sont trop restreintes pour recevoir les grandes espèces de ruminants : *Bœuf, Bison, Girafe, Cerf, Chevreuil, Renne, Chameau, Lama*, etc. Quant aux chèvres et aux moutons exotiques, il ne serait pas impossible, avec de la bonne volonté, de leur trouver une modeste petite place, au moins pour quelques-uns des moins encombrants, sans prétendre transformer le Musée en véritable arche de Noé.

Pachydermes.

Tours n'en possède aucun; l'espace dont on dispose serait insuffisant pour loger des animaux tels que l'*Éléphant*, le *Rhinocéros*, l'*Hippopotame*, le *Tapir*, le *Cheval*, le *Zébre*, le *Sanglier*, etc.

Cétacés.

Il n'y a pas non plus de mammifères pisciforme dans la collection, pas même un *Marsouin,* ni un *Dauphin;* pas même une dent de *Cachalot,* ni une défense éburienne de *Narval,* dite *corne de Licorne.* Mais il y a, ma foi, en fait de *Baleine,* ce gigantesque roi des mers, dont les fosses nasales produisent au-dessus de sa tète un double jet d'eau que les navigateurs reconnaissent de loin; il y a, disons-nous, au Musée, une côte de ce *souffleur* présentant un arc de 2 mètres de long, plus un fanon ou barbe du même cétacé, d'égale longueur, donné, si l'on peut admettre cette minime particularité, par M. de Grandseigne, capitaine au long cours, avec la peinture un peu effacée de son navire à la base de ce fanon, reproduction où seul notre pavillon tricolore rayonne encore dans toute sa splendeur.

Marsupiaux.

Ces singuliers animaux, à poche abdominale, dont j'aurai occasion de dire quelques mots dans la seconde partie de cet opuscule, sont représentés par : La Sarigue grison (*Didelphis cinerera*, Lin.), du Brésil.

Le Kanguroo ♀ (*Kangurus rufo-griseus*, Geoff. St.-Hil.), de l'île de Decrès, de taille assez exiguë. Il est escorté d'un jeune kanguroo de quinze jours, de même espèce, sur le sort duquel on serait disposé à s'apitoyer si l'on en avait le temps, comme pour le matou de l'âge le plus tendre dont il a été question plus haut.

Puis le Kanguroo rat (*Hypsipriomeus murimus*, White), de la Nouvelle-Hollande, ne dépassant pas en grosseur effective le rat ordinaire.

Monotrèmes.

Il est à regretter que ces animaux à cloaque, à l'instar des oiseaux et des reptiles, qui pareillement n'ont qu'un même orifice anal et vaginal à la fois; il est à regretter que ces êtres excessivement curieux et anormaux sous bien d'autres rapports, n'offrent ici aucun sujet collectionné. Un *Ornithorhynque*, mammifère à bec de canard, et un *Echidné*, autre mammifère dont le dos est couvert d'épines comme un hérisson ou un diodon marin, et le bec court et pointu, auraient certainement, par leurs caractères anatomiques, attiré l'attention, excité la curiosité et surtout rempli une fâcheuse lacune pour la science, sans prendre un grand espace de terrain.

OISEAUX.

Rapaces.

Nous possédons, dans cette catégorie ornithologique, en fait de **Rapaces diurnes** : Le Vautour fauve ♂ (*Vultur fulvus*, Brisson), qui est assez répandu dans les Alpes, les Pyrénées et l'Atlas; cet oiseau, presque de la grosseur du cygne et qui exhale une odeur repoussante, a le col pelé, nu comme un ver, et n'est pas d'une délicatesse exagérée pour sa nourriture, puisqu'il se délecte de charognes.

Le Sarcoramphe ou Roi des vautours (*Sarcoramphus papa*, Dumier), *Vulturien* de la division des *Alipennes*, de taille moitié du précédent, est originaire de la Nouvelle-Grénade. Il a le corps blanc, la tête et la queue noires, et le bec d'un rouge vif. — Le grand Condor des Andes, espèce très-remarquable qui manque au Musée, appartient au même genre. — Le Percnoptère y manque aussi.

Le Gypaète barbu ♂ (*Gypaetus barbatus*, Cuvier), d'Afrique; ce rapace, qui tient de l'aigle et du vautour, a 2 mètres d'envergure.

Le Faucon ordinaire (*Falco communis*), dit *oiseau de proie noble*, parce qu'il est susceptible de recevoir une certaine éducation qui le rend propre à la chasse.

Les quatre rapaces suivants, dits *oiseaux de proie ignobles*, parce qu'ils sont impropres au dressage cynégétique, appartiennent également aux *Falconiens;* ce sont : L'Aigle (*Aquila fulva*, Savigny), d'Europe, oiseau altier, imposant et superbe, en dépit de sa qualification mal sonnante, mais technique, que je trouve surannée d'abord, que je désapprouve ensuite complètement, attendu qu'elle est fausse et en contradiction flagrante au contraire avec sa répugnance indomptable à se plier à l'esclavage de l'homme, qui est, pour beaucoup d'animaux, le tyran de la création, à l'encontre de la loi protectrice dite loi Grammont, qui ne peut atteindre jusque là.

Le Milan royal (*Milvus regalis*), d'Europe également.

L'Autour (*Falco palumbarius*, Lin.), ou *Astur* d'après les auteurs modernes, au vol oblique pour surprendre sa victime, provenant de la Touraine, ce qui n'infirme pas sa présence dans beaucoup d'autres contrées.

La Buse (*Buteo communis*), variété blanchâtre, d'Europe; oiseau sédentaire, intelligent et digne d'attention, dont on prend quelquefois à tort le nom comme synonyme de stupidité.

Parmi les **Rapaces nocturnes**, on voit le Grand-Duc, aux yeux rouge-feu et aux longues oreilles; reconnaissable à la marbrure de son plumage jaune, noir et blanc.

La Chouette-Harfang, de grande taille, qui n'a au Musée que cette désignation incomplète, et qu'il m'est impossible de baptiser autrement, à moins de compulser les ouvrages spéciaux à la bibliothèque de la Ville, travail de bénédictin zoologiste, qui devrait alors être mis patiemment et pareillement en pratique pour beaucoup d'autres animaux de tous les ordres; mais extrême minutie à laquelle je crois sage de renoncer, ne trouvant pas ces recherches ardues indispensables au mode d'élaboration adopté pour ce travail.

Le *Strix niclea*, de l'Amérique septentrionale. L'empennage de cet oiseau de nuit est d'une blancheur lactée, hachuré de minces filets noirs placés dans le sens horizontal; il a de beaux yeux jaune d'or resplendissant au milieu d'une chaude et cotonneuse fourrure.

Le *Ptynx uralensis*, du nord de l'Europe, est de teinte

grisâtre et cendrée, parsemée de fines jaspures noires dont la disposition est verticale.

La Pygargue-Orfraie ♂ (*Haliæsus nisus*, Sav.), assez bel oiseau, non par son plumage, mais par ses contours aquiliformes.

Le Scops ou Hibou de Porto-Vico ♂ (*Scops Portovicensis*, Lin.), de l'Amérique du Sud.

Puis d'autres types tels que *Chat-huant, Chevéche, Effraie, Hibou commun, Hibou à aigrette*, etc., qu'il serait trop long de citer et surtout de caractériser, même en usant de laconisme.

Enfin les *Oiseaux rapaces*, tant diurnes que nocturnes, comptent au Musée une cinquantaine d'espèces environ, ce qui est déjà quelque chose assurément pour le naturaliste scrupuleux qui les examine un à un.

Passereaux.

Les passereaux, qui sont nombreux et dispersés sur toute la terre, possèdent ici une certaine quantité d'espèces pouvant donner une idée assez exacte de la prodigalité de la nature dans cet ordre d'oiseaux en parcourant à la hâte la salle qui leur est en grande partie réservée; aussi je ne veux pas m'engager trop avant dans une énumération étendue. Je n'en citerai que quelques sujets pris un peu à droite et à gauche dans les cinq grandes divisions des *Dentirostres, Fissirostres, Conirostres, Ténuirostres* et *Syndactyles*, en en séparant les *Grimpeurs*, qui sont confondus avec eux au Musée, mais qu'il est plus exact d'inventorier à part d'après les classifications actuelles.

Il y a sur les étagères, dans la famille des **Dentirostres** :

La Pie-grièche (*Brachyurus bengalis*), des Indes Orientales, dont le corps est fauve-verdâtre, les ailes olivâtres et bleu-indigo, la tête noire avec teintes verdâtres indécises.

Le Merle violet à ventre blanc ♂ (*Turdus leucogaster*, Latham), dont le reste du corps est lilas-mordoré, à reflets satinés — Le Merle rose (*Pastor roseus*), espèce européenne, qui a le ventre couleur de chair ou rose très-tendre, comme les fleurs du pêcher, et le dos d'un noir luisant de jais. — Le Merle blanc et noir, qui fait mentir le proverbe, car il est tout blanc, et n'a que les pattes et le bord des ailes noirs.

Le Loriot d'Europe (*Oriolus galbula*, Lin.), très-connu, dont le vêtement est noir sur les ailes et jaune-chrôme sur le reste du corps.

L'Artamie sanguinolente ♂ (*Artamia sanguinolenta*, Geoff. St.-Hil.), de Sumatra. Ce *Turdidé* est somptueusement habillé : corps d'un noir soyeux, tête jaune et abdomen écarlate.

Le Drongo azuré (*Irena puella*), de la grosseur du merle, d'un beau bleu-céleste et d'un noir luisant, a les yeux rouges, en opposition avec son plumage. On le trouve à Malacca, ville de l'Inde transgangétique anglaise.

Le Jaseur huppé (*Ampelis garrulus*), d'Europe; cet oiseau d'une taille médiocre a le corps et la huppe gris-cendré, les ailes noires en général, mais le bout en est blanc et rouge et se termine en belle couleur jaune; l'extrémité des plumes de la queue revêt aussi cette dernière couleur vive du bouton-d'or.

J'ai passé à dessin sous silence, ayant peur d'en trop dire, plusieurs *Loriots*, puis une infinité d'autres espèces, classés par leurs caractères constitutifs parmi les *Dentirostres*, telles que *Bécardes, Philédons, Cotingas* brillants et dissemblables;

puis des *Sturnidés* ou *Etourneaux*, des *Xanthorniens*, comme le *Carouge* et le *Troupiale*, presque tous exotiques.

C'est à cette même famille des dentirostres, bien représentée dans nos vitrines, qu'appartiennent les petits oiseaux suivants, qui y figurent en plus grand nombre encore, mais qui ne peuvent pas tous avoir leur trait de plume, quoiqu'il soit naturel de recourir aux plumes lorsqu'il s'agit d'oiseaux.

Le *Rossignol,* ce divin chanteur des solitudes de nos bois; la *Fauvette,* cet autre gentil musicien de talent; et d'autres *Becs-fins* (*Motacilla*) de toutes nuances, qu'on appelle *Traquet, Rubielle* ou *Rouge-gorge, Roitelet, Troglodyte, Bergeronnette, Lavandière, Hochequeue, Farlouse,* etc.

Les **Fissirostres**, divisés en diurnes et en nocturnes, comprennent, pour les *diurnes,* un grand nombre d'oiseaux du genre hirondelle (*Hirundo*), de mœurs douces; navigateurs des airs essentiellement sociables et voyageurs, pour la plupart desquels on conserve une sorte de culte marqué et de protection amicale dans tous les pays; ainsi que des Martinets (*Cypselus*), d'un noir terne et terreux comparativement au noir-bleu, vif et reluisant des hirondelles. Les martinets sont des oiseaux criards et griffus qui émigrent également.

Et, pour les *nocturnes,* des Engoulevents (*Caprimulgus*), appelés vulgairement ou *Tête-chèvres,* parce qu'on a cru qu'ils tétaient les chèvres pendant la nuit, ou *Crapauds-volants,* à cause de la dilatabilité incroyable de leur bec qui, lorsqu'il s'ouvre entièrement, ne représente plus alors un bec d'oiseau, mais une vraie gueule béante, avec de longues soies à sa base, au bout de laquelle se perd le bec proprement dit. Ces fissirostres crépusculaires, à très-grands yeux, sans doute pour mieux distinguer leur proie dans l'ombre, vivent absolument comme les hiboux dont ils ont sinon la forme extérieure, du moins avec lesquels ils ont beaucoup d'analogie, au moral par leur taciturnité et au physique par les couleurs brunes et grises de leur plumage bariolé.

La troisième famille de l'ordre des passereaux, les **Conirostres,** est nombreuse au Musée ; on y voit des *Alouettes, Mésanges, Bruants, Moineaux ;* puis des *Pinsons, Chardonnerets, Linottes, Serins* des Canaries, virtuoses charmants interprétant avec grâce l'amour et le printemps par des sons pleins de fraîcheur et d'harmonie ; des *Gros-becs, Bouvreuils, Becs-croisés, Tisserins,* et enfin des *Corbeaux,* des *Corneilles,* des *Pies,* entre autres la *Pica azurea,* de l'Amérique du Sud ; des *Geais,* des *Oiseaux de Paradis,* qui ont une certaine affinité de caractères anatomiques avec les corbeaux, sans en avoir le plumage sévère.

Je citerai donc plus particulièrement, de la tribu des *Paradiséens,* le Céphaloptère orné (*Cephalopterus ornatus*), de la **Nouvelle-Grenade,** plus gros que le corbeau, magnifique oiseau noir avec une huppe d'un noir-bleu qui retombe en avant, mais en gerbe, comme le fait tout d'une pièce la chenille du cimier d'un casque guerrier, et une sorte de jabot allongé et ballotant, couvert de plumelles également noires.

L'*Hæmatoderus militaris,* de Cayenne, moitié moins gros, d'un rouge-cramoisi plein d'éclat, avec les ailes noires et la queue jaune-paille.

Le Paradisier émeraude ♂ (*Paradisæa apoda,* Lin.), de la Nouvelle-Guinée. Les plumes à aigrettes et empanachées des ailes de ce remarquable et assez gros volatile retombent blanches et légères comme un saule-pleureur couvert de neige ; sa gorge est verte, son corps marron et son cou jaune-citron en dessus, ce qui constitue, pour l'ensemble, une création toute idéale, alméenne et vaporeuse.

Le Gymnocéphale capucin ♂ (*Gymnocephala capucina*, Lesson), de la Guyane, qui appartient à la tribu des *Coraciens* et aux *Corvidés*, a une couleur indécise tirant sur l'acajou ou le bois de Campêche.

Puis les oiseaux appelés *Pit-pit*, *Guit-guit*, nomination imitative de leur cri, les uns du Brésil, les autres des Antilles, et revêtant, sans dissonances, toutes les colorations les plus imprévues ou les plus somptueuses ; et enfin une vingtaine d'espèces de *Manakins*, émaillés de plumages non moins étincelants, ayant à leur suite des *Tangaras* et des *Euphones*, diversement nuancés.

On voit miroiter au Musée, sans compter les *Grimpereaux* et les *Souï-Mangas* (mangeurs de sucre), une cinquantaine d'*Oiseaux-mouches* et de *Colibris*, ces fleurs célestes et animées qui ont des ailes, que l'on appelle **Ténuirostres** dans la langue ornithologique, parfois un peu dure, comme toutes les technologies de la science ; c'est une assez jolie réunion, assurément, mais bien plus nombreuse encore dans la grande volière de la nature, qui est amie de la liberté, je veux dire dans l'air embaumé des latitudes les plus brûlantes des deux Amériques.

Il suffit d'indiquer les noms spécifiques de quelques-unes de ces ravissantes petites créatures pour donner une idée, hélas ! bien imparfaite, de la richesse de leur plumage, de leur indescriptible beauté.

Les Oiseaux-mouches ont donc des qualificatifs tels que : *Or vert*, *Tricolore*, *Grand-rubis*, *Rémiges en Faucille*, *Saphir*, *Superbe*, *Héliante fils du Soleil*, *Rubis-topaze*, *Huppe-col*, *à Queue d'acier bruni*, *à Gorge bleue*, etc.

Et les Colibris (*Trochylus*) s'appellent : *Topaze*, *à Queue étagée*, *à Cravate noire*, *Petit-rubis*, *à Gorge blanche*, *Hausse-col doré* et autres dénominations qui révèlent et traduisent leurs splendeurs, et qui, loin d'être outrées, sont au contraire bien au-dessous de la réalité.

Les rêves les plus gracieux et les plus imaginaires ne sauraient, en effet, inventer des incarnations aussi somptueusement splendides et éblouissantes, et surtout aussi brillamment variées. Pour reproduire les merveilles de ces écrins vivants des zônes équatoriales, la plume et le pinceau tombent des mains!... Qu'on se figure de l'or, de l'argent, même du feu animés; la vie répandue à flots dans les pierreries les plus précieuses : topaze, émeraude, améthyste, aigue-marine, rubis, grenat, turquoise, saphir, aventurine, diamant; le vol le plus léger de sylphes aériens, revêtant l'agate, l'onyx, le porphyre, la houille irisée, la nacre de perle; se parant des reflets du satin, de la moire, du velours; brillant de rayons lumineux ou des couleurs prismatiques de l'arc-en-ciel, et l'on aura à peine une perception vague des effets incomparables produits par ces petits bijoux ailés, voltigeant de fleur en fleur, qui sont les enfants gâtés et chéris de la création et du soleil!... Les Oiseaux-mouches et les Colibris sont les *Sancy*, les *Régent*, les *Montagnes de lumière* animés du grand Lapidaire de la nature, du Créateur sublime et éternel de toutes choses, du divin Ordonnateur non-seulement de tout ce qui vit et pense, pour célébrer ses louanges, à la surface de notre imperceptible monde, mais de tous les mondes infinis qui ont leurs routes et leurs attractions tracées, à travers les siècles, dans les espaces incommensurables et vertigineux de l'immensité!

Le dernier groupe des *Passereaux*, les **Syndactyles,** comprend, parmi les Martins-Pêcheurs ou Alcyons (*Alcedo*), dont nous possédons un bon nombre d'espèces, entre autres le *Todiramphus diops*, des îles Célèbes, d'un bleu foncé d'outremer aux reflets changeants et nacrés, avec le ventre d'une blancheur de neige. — Le Guêpier de Nubie ♂ (*Merops nubicus*, Vieillot), du Sénégal, rouge-pourpre et de forme allongée. — Le Guêpier à fraise (*Nyctiornis amictus*), de Ma'acca; ce *Syndactyle*, choisi parmi plusieurs autres du même groupe, a le dessus de la tête lilas-doré, la gorge rouge-feu, le corps d'un vert gai et brillant, chamarrure, comme on voit, rutilante et flamboyante.

Il y a, en outre, d'autres belles espèces exotiques que je suis obligé d'omettre, faute de temps et d'espace.

Grimpeurs.

L'ordre des *Grimpeurs*, formant une nombreuse tribu qui comprend les *Aras*, *Perruches*, *Kakatoës*, *Perroquets* proprement dits, à becs ronds et crochus, *Toucans*, *Coucous*, *Pics* et autres oiseaux à bec droit ou effilé, selon les genres, possède au Musée une pléiade de sujets aux plumages multicolores, pour lesquels je vais prendre ma palette, en faisant mes efforts pour la garnir de toutes les couleurs nécessaires, ayant pourtant l'intention de n'en ébaucher qu'un simple croquis et non une reproduction détaillée et fidèle.

Les *Perroquets* sont des oiseaux essentiellement grimpeurs et adroits qui se servent aussi bien de leur bec que de leurs ongles puissants pour aller de branche en branche et s'y accrocher, ainsi que de leurs pattes pour porter la nourriture à leur bouche. Ils sont, de plus, jaseurs à l'excès, et imitent facilement la voix humaine lorsqu'ils sont dressés, étant jeunes, à ce petit tour de force laryngien, à tel point qu'on est parfois obligé de fermer les écluses à ce torrent de paroles qui, à la longue, deviennent monotones et absurdes. Tâchons donc d'être bref à notre tour, de ne pas faire comme eux en imitant ces imitateurs incarnés; et sans nous livrer à d'autres explications plus ou moins banales sur ces *Psittacidés* que tout le monde connaît, citons rapidement quelques noms que la plume, tout uniment, et non le pinceau dont nous avions parlé tout-à-l'heure dans un moment d'enthousiasme fugace, ou par simple figure de rhétorique, revêtira de leurs couleurs propres et les plus apparentes, nous bornant à quelques-uns de ces oiseaux si drôles et si amusants qui doivent tous le jour aux zônes torrides.

Nous voyons donc, non en demi-liberté, sur l'arbre d'une cage, mais momifiés aussi correctement que possible, c'est-à-dire avec les apparences de la vie, le Perroquet (*Ara chloropterus*, Gray), de Sainte-Marthe (Nouvelle-Grenade), dont le corps est rouge-ponceau, les ailes bleu de cobalt ou d'un azur assez intense, et l'énorme bec tout blanc.

L'Ara militaire (*Macrocerus militaris*, Vieill.), de la Guyane, au plumage vert-tendre.

Le Tock couronné (*Tochus melanoleucus*), du sud de l'Afrique, gros et long, au bec orangé, dont le dessus du corps est noir, et blanc le dessous.

L'*Anorrhinus malayannus*, de Bornéo, tout noir, avec un énorme bec surmonté d'une excroissance rostrale imitant un second bec supérieur ridiculement juxtaposé.

Le Bucorve (*Bucorvus abyssinicus*), qui a la tête agrémentée d'un ornement charnu tout différent, est de la taille de l'aigle et noir comme un corbeau, sauf les ailes qui s'avivent de quelques bandes blanches.

Le Kakatoës rosalbin, d'Australie, qui a le corps rose, les ailes et la queue gris-perle clair, plus une huppe rosée; l'assemblage de ces couleurs peu usitées fascine les regards.

Il y a encore le Nestor, de la Nouvelle-Zélande, un peu plus gros, d'un noir terne uniformément.

Le Psittacule ondulé (*Psittacus undulatus*, Lath.), vert-pré, que l'on retrouve vivant au Jardin zoologique, et d'autres dont je passe les noms pour n'en pas faire une litanie.

Puis arrive un genre particulier de *Grimpeurs* à becs énormes, ce qui leur donne un air bête, lourdaud, et prêtant à une bouffonne hilarité.

Le Toucan de Pébika (*Rhamphastos piscivornus*), grand oiseau mexicain, au moins de la taille du corbeau, ayant le corps noir, le bec d'un format impossible et grotesque, lequel bec est de plus arlequiné de noir, jaune et rouge, surmontant une gorge jaune-serin.

Dans la tribu des *Cuculidés*, j'ai relevé le Coua ♂, de Cayenne (*Coua cayanna*, Vieill.), infiniment plus petit que les Toucans, de forme plus svelte, avec un corps fauve parsemé d'une marqueterie noire et blanche.

Le Couroucou resplendissant (*Pharomachrus mocino*). J'ignore l'habitat de ce grimpeur, jaspé des plus riches couleurs; son corps est vert-émeraude, à reflets cuivrés ou dorés; sa queue est ornée de très-longues plumes vertes de même teinte que celles de ses ailes; il a en outre le ventre rouge-écarlate et une aigrette-crinière d'un vert brillant qui complète sa parure à effet et donne du piquant à sa physionomie

Le Jacamar à longue queue (*Galbula paradisea*, Lath.), de Cayenne, qui a le corps noir, les ailes vertes aux brillantes mordorures, la gorge blanche et un long bec en aiguille.

Pour en finir avec les grimpeurs, nous remarquons surtout le Pic-vert ♂ (*Picus viridis*, Lin.), qui habite l'Europe. Il est de la grandeur de la tourterelle, tout vert. à tête rouge de corail. — A côté de ce Pic il existe (autant toutefois qu'un animal empaillé peut exister) un jeune Pic-vert de même espèce, dont le plumage est très-différent de celui de son adulte voisin; cet oisillon, au lieu d'avoir des plumes vertes au ventre, les a gris-marbré, modifications qui n'ont pas lieu, du reste, que chez les *Picidés*, mais chez une foule d'autres oiseaux, petits ou grands, selon leur âge ou les saisons.

Puis le Picimne minule (*Picimnus minutissimus*), de Cayenne, très-petit, comme l'indique son nom, qui est jaspé de couleurs diverses, avec le dessus de la tête rouge, clôturant la série de cette famille grimpante.

Gallinacés.

Nous voici maintenant en présence de gros oiseaux granivores, dont la reconnaissance, mais une reconnaissance primesautière, bien entendu, est plus facile, dont le Coq domestique (*Gallus domesticus*, Brisse), au port fier et orgueilleux, au chant plein de vigueur, dont les notes vibrantes s'entendent de fort loin, est le principal représentant. On en voit au Musée deux échantillons de plumages tout différents et d'un bon choix.

Les **Gallinacés** proprement dits, puis les **Pigeons** ou **Colombiens** constituent l'ordre ornithologique en question.

Il y a en outre la *Poule Batavia*, de taille très-minime, régulièrement tachetée de noir et de chamois alternés; et le *Coq hyamalas* ♂, du Brésil, à courte queue, très-chamarré ou chagriné; plus une *Poule huppée*, je ne sais de quelle race

Viennent ensuite le Faisan doré (*Phasianus pictus*), le Faisan argenté (*Phasianus nycthemerus*), tous deux de la Chine, qu'on retrouve vivants au Jardin zoologique de Tours, et dont je ne dis rien ici, me réservant d'en faire la description plus loin. — Le Faisan versicolore (*Phasianus versicolor*), du Japon, vêtu de noir et de blanc, dont l'abdomen est d'un vert doré éclatant et le cou d'un bleu violacé métallique et changeant.

L'*Argus giganteus*, superbe et très-grand oiseau des Indes-Orientales, dont le plumage fait naître l'étonnement et l'admiration, qui est du reste trop connu, précisément parce qu'il est très-remarquable, pour le décrire *in extenso*, avec ses immenses ailes blanches ocellées, dans toute leur longueur, de ronds noirs ou œils vifs et symétriques, et ses deux interminables plumes de la queue qui mesurent certainement près d'un mètre de long.

Le *Satyra Lathami*, Gray, du Népaul, dont la robe est lie de vin, ponctuée de blanc, avec une gorge bleue et rose, et la tête surmontée de deux petites oreillettes ou cornes d'un bleu plus foncé, appendices tout méphistophéliques.

La Pintade méléagride (*Numida meleagris*), d'Afrique, volaille assez commune dans nos basses-cours, au cri rauque et désagréable, mais dont le manteau noir, parsemé de petits points blancs, ne manque pas d'attraits.

Le Dindon commun (*Meleagris communis*), dont je n'ai rien à dire, si ce n'est qu'il vaut mieux le trouver sur sa table, rôti et doré à point, sortant des mains d'un cordon-bleu émérite, possédant son Brillat-Savarin sur le bout du doigt, que d'aller le chercher à l'état sauvage dans quelques parties désertes et reculées de l'Amérique du Nord, sa patrie originelle.

Le Hocco de Curasson (*Crax globicera*, Lin.), de la Guyane espagnole, tout de noir habillé, comme certain page, ou, sans rapprochement intentionnel, comme la dinde, dont il a presque la taille. Le Hocco a la tête ornée d'une huppe frisée qui se prolonge jusque sur la nuque. Cet oiseau, qui est domestifié en Amérique, pourrait sans doute aisément être introduit ou plutôt propagé chez nous, puisqu'il prospère au Jardin d'Acclimatation de Paris.

Le Paon ordinaire ♂ (*Pavo cristatus*, Lin.), de l'Inde. Il se trouve placé seul, j'allais dire intrônisé, solennellement, queue déployée, en grand appareil, toutes voiles dehors, comme on dirait en termes de marine, en haut de la vitrine des colibris qui lui sert majestueusement de piédestal. Sa parure que l'on sait par cœur est d'une splendeur incomparable; l'aigrette tremblotante qui se balance avec grâce sur sa tête à la moindre brise, et surtout le magique éventail de sa queue aux longues plumes étagées, au bout de chacune desquelles miroite ou rayonne un œil presque noir à force d'être bleu-foncé, cerclé d'or, de violet et de vert, aux reflets de métal, font de ce joyau des *Gallinacés*, que je ne chercherai pas à dépeindre plus minutieusement parce que ses magnificences ont le malheur de n'être pas rares, le Paon étant répandu partout, font, dis-je, de ce phénix de beauté une des plus étonnantes merveilles du monde merveilleux des oiseaux.

Il rappelle, pour mêler le plaisant au sévère, l'Argus de la fable, surnommé *Panoptès*, c'est-à-dire *qui voit tout*, lequel avait cent yeux, dont cinquante seulement restaient ouverts et cinquante fermés la nuit, pendant le sommeil, ce qui était évidemment très-suffisant pour bien voir et pour bien dormir en même temps. Il paraît que Junon, qui était en belle humeur, prit cette multitude d'yeux après sa mort, ce qui ne devait pas être très-facile, et les répandit sur la queue du paon, difficulté plus grande encore; ou bien métamorphosa en paon, toujours miraculeuse affaire, cette victime de Mercure qui l'avait endormi tout-à-fait et lui avait coupé la tête, je ne sais plus pour quel méfait assez puéril, dont

les badinages, les subtilités, les élucubrations et les cocas-
series mythologiques doivent certainement donner de plus
amples détails.

Voilà pourtant à quelles facéties nous expose l'invention
de l'Olympe!... Invention au sujet de laquelle Béranger dit
quelque part :

> « Les yeux en l'air le bon homme Hésiode
> » Cherchait jadis des dieux à noms ronflants.
> » Faute d'idée il allait faire une ode ;
> » De Chypre arrive une outre aux larges flancs.
> » Mon grec s'enivre et sur Pégase il grimpe,
> » Chaud du Nectar qui pousse au merveilleux.
> » L'outre était pleine, il en sort un Olympe.
> » Le vin de Chypre a créé tous les dieux. »

Mais reprenons le fil de notre discours. Je saute avec
préméditation les Perdrix et les Cailles, parce qu'ils me
tarde de baisser le rideau sur le spectacle à grand orchestre,
interminable et étourdissant de la gent emplumée.

Dans la tribu des **Colombiens**, je citerai, pour terminer
l'ordre des Gallinacés, les Colombes, entre autres la *Poi-
gnardée*, tachée de rouge-sang, des Philippines ; la Nonnain
(*Columba cuculata*, Vieill.), couleur chamois ; les Tourte-
relles, puis le Lophire couronné (*Lophirus coronatus*, Vieil),
de la Nouvelle-Guyane, à légère aigrette verte ; et enfin le
Tétras lyre (*Tetras lyrus*), de la Russie méridionale, d'un
noir bleuâtre, dont la queue magnifique représente la forme
gracieuse d'une lyre éolienne.

Échassiers.

Cet ordre, qui comprend les *Brévipennes*, *Pressirostres*,
Cultrirostres et *Longirostres*, est assez bien représenté ;

seulement parmi les **Brévipennes**, géants emplumés, tels que les Autruches et les Casoars, ces derniers surmontés (du moins celui à casque), d'une sorte de bonnet phrygien, il y a pénurie complète au Musée.

Les **Pressirostres** comptent dans leurs rangs l'Outarde cannepétière (*Otis tetrax*, Lin.), dont on voit deux échantillons, ♂ et ♀ sans doute, l'un à fines mouchetures fauves, noires et blanches, dont le cou est noir, avec collier blanc; l'autre dont le cou est pareil au corps.

A la suite de l'Outarde se pressent les Pluviers, le *doré*, celui à *collier* et celui à *ailes noires*. — Le Rouloul couronné (*Rollulus coronatus*), de Malacca, vert-bouteille et noir. — Le Vanneau à poitrine noire, et le huppé.

Parmi les **Cultrirostres**, on admire surtout la Grue cendrée (*Grua cinerea*, Bechstein), d'Europe, toute grise, avec les pattes ainsi que le bout des ailes noirs et le bec très-effilé, plus grosse que le Flamant, mais montée sur de moins hautes échasses.

Le Héron cendré ♂ (*Ardea cinerea*, Lath.), blanc et cendré ; c'est celui dont il est dit sans doute :

« Le héron au long bec emmanché d'un long cou. »

Puis le Héron grande-aigrette (*Ardea egretta*, Lath.), de la Guyane, blanc et pattes noires. — Le Héron pourpré ♂ (*Ardea purpurea*, Lin.), au long bec blanchâtre, à la fine aigrette noire renversée en arrière, aux cuisses chamois, au corps marron, gris et jaunâtre, en dépit de sa qualification de pourpré. — Le Héron *agami*, de Cayenne, moitié moins grand que les précédents; dos noir, ventre havane-clair, jabot tombant, gris-perle.

L'Oiseau-Royal (*Ardea pavonia*, Lin.), d'Afrique, superbe

échassier, de couleur noire, avec le bord des ailes blanc, le cou couvert de fines lamelles de plumes, les pattes noires, la tête surmontée d'une espèce de toque ou calotte noire, veloutée, laquelle est entourée d'une longue huppe rayonnante imitant les piquants les moins gros du porc-épic, et formant une auréole très-bizarre et surprenante, de couleur chinée, fauve et blanche, ayant aussi de l'analogie avec la soie du sanglier.

Le *Scopus umbretta*, de la division des *Ardéides*, du Cap, oiseau assez trapu, gris-marron, pattes noires, huppe touffue, renversée, sorte de chevelure épaisse, absalonesque, si l'on peut risquer ce terme pour établir une comparaison juste au fond, quoique au premier abord elle paraisse tirée par les cheveux.

L'Ardéole blongios ♂ (*Ardeola minuta*, Ch. Bonaparte), d'Europe, paré d'une teinte chamoisée au col, à la gorge et au ventre; queue très-courte, peu apparente, dos noir, bec pointu, taille de tourterelle : voilà son portrait en deux coups de plumes.

La Cigogne noire (*Ciconia nigra*, Vieill.), jeune sujet dont le cou est marqueté de blanc et noir, avec les ailes et le corps noirs, de même envergure que la Cigogne blanche.

L'*Argala*, Marabout du Sénégal, *Ciconien* fort laid, mais qui possède sous l'aile ces beaux panaches légers et précieux dont les dames se parent; il a le cou rouge, tout pelé, quelques poils rares sur la tête, comme une sénile calvitie. Il est plus gros que la cigogne, et est doté d'un énorme et horrible bec d'un blanc douteux, au bout duquel la tête est comme un accessoire. Il faut que la cervelle qui est renfermée dans cette ridicule petite boîte osseuse soit de bien bonne qualité pour suppléer à son volume exigu.

La **Spatule** (*Spatalea* ou *Platalea leucorodia*), grand échassier d'Europe, qui est tout blanc, a les pattes noires et une huppe rabattante également blanche; son bec est tout ce qu'il y a de plus curieux dans son individu, par sa forme inusitée qui ressemble à l'instrument de pharmacie dont il porte le nom, plat par la base et rond par l'extrémité, en s'élargissant, et qui produit un bruit de castagnettes.

Le dernière famille des *Echassiers*, les **Longirostres**, est dotée entre autres, dans nos galeries, de l'Ibis *hagedasch*, Lenoir, du Cap, de la taille du canard, au long bec mince sortant d'une grosse tête, au plumage café-au-lait, aux ailes verdâtres et bronzées.

Le Paribis rouge ♂ (*Scolopax rubra*, Lin.), d'un rouge écarlate ou garance, à grand tapage, avec un long bec jaune, recourbé en dessous; originaire de Cayenne.

C'est encore parmi les Longirostres qu'il faut classer la *Bécasse*, la *Bécassine*, le *Chevalier*, le *Combattant*, l'*Avocette*, le *Courlis*, etc.

Palmipèdes.

Ce dernier ordre de la classe fort étendue des Oiseaux, possède, sous les vitrines, une assez nombreuse réunion représentative.

D'abord la Poule d'eau, qui fait partie des **Macrodactyles**, établit le passage entre les *Echassiers* et les *Palmipèdes*.

Puis le Flamant rose (*Phœnicopterus ruber*, Lin.). Cet échassier remarquable, qui tient aussi des palmipèdes sous plusieurs rapports, et qui fait naître à la pensée le souvenir des bergers des Landes perchés en l'air, comme lui, au milieu de leurs ajoncs épineux, en tricotant philosophiquement des bas; ce *Phénicoptère*, disons-nous, est d'un blanc rosé, a un bec difforme, rouge, avec une courbure noire très-prononcée au bout, et de grandes pattes minces de la nuance de la cornaline, plus un interminable cou qui se replie à la façon oscillatoire des couleuvres.

La famille des **Plongeurs**, à tournure grotesque, nous met en étalage le Plongeon Cat-marin (*Colymbus septentrionalis*, Lin.), d'Europe, au plumage grisâtre, qui se tient verticalement, à l'instar des Pingouins, leur touchant de fort près.

Le Pingouin brachyptère (*Alca impennis*, Lin.), des régions glacées, qui mesure bien 50 centimètres de haut, est couvert de toutes petites plumes gris-ardoisé, a le bec écourté, la gorge et l'abdomen blanc-nacré; il n'est pourvu que d'ailes rudimentaires, ou plutôt de rames servant exclusivement à la natation, pour laquelle il excelle, et se tient bêtement tout debout comme une borne au bord des rivages.

Le Grèbe cornu ♂ (*Podiceps cornutus*, Lath.), d'Europe, beaucoup plus petit que le Pingouin, dont il a le port et la dégaîne stupides; il est orné de deux touffes de plumes d'aspect corniforme sur les côtés de la tête, et son ventre de nacre sert à fabriquer des manchons ou autres fourrures de fantaisie, d'un brillant éclat.

Je passe les *Harles*, les *Macareux*, etc.; ces derniers, par exemple le *Fatercula arctica*, Less., de petite taille, étant pourtant fort drôle avec le cône tronqué et cannelé qui lui sert de bec.

Abordons maintenant les **Longipennes**, cette seconde grande subdivision des *Palmipèdes*.

Nous y trouvons : — le Pétrel, surnommé l'Oiseau des Tempêtes (*Procellaria pelagica*, Buff.), à peine plus gros qu'un moineau, d'un noir terne, avec un petit bec noir recourbé en faucille ;

Deux Goëlands, celui à manteau noir (*Larus marinus*, Lath.), d'Europe, et celui à manteau gris (*Larus glaucus*), du même auteur et de même provenance; l'un et l'autre revêtant un plumage noir, blanc et gris-perle; — la Mouette rieuse ♂ (*Larus ridibundus*, Lath.), d'Afrique, —et la petite Mouette cendrée (*Larus cinerarius*, Gmelin), de nos côtes, aux colorations blanches et cendrées;

L'Albatros exilé (*Diomedea exulans*, Lin.), du cap de Bonne-Espérance, de la taille colossale du cygne. L'Albatros est ramassé et trapu, a le col court, le plumage café-au-lait, entremêlé de blanc, les ailes brun-foncé et le bec recourbé au bout en forme de crochet.

Il y a encore d'autres espèces de cette famille, aux longues ailes, au vol puissant, telles que le Labbe cataracte (*Lestris cataractes*), des mers polaires, etc., dont je suis forcé d'écourter l'énumération.

Les **Totipalmes** ont à leur tête : — le Pélican (*Pelecanus crispus*, Lath.), du nord de l'Amérique, d'une très-grande taille, supérieure même à celle du cygne, ayant les pattes ainsi que le corps blancs, et un bec énorme à en rêver, avec lequel il se garderait bien de *se percer le flanc pour nourrir de son sang ses enfants*, etc., comme on débite encore ce vieux boniment archifaux dans quelques rares ménageries ambulantes et arriérées. Ce fameux bec est agrémenté d'une poche qui se dilate à volonté et prend des proportions inquiétantes;

Le Cormoran ordinaire, jeune (*Pelecanus carbo*, Lin.), d'Europe, au développement qui ne dépasse guère celui du canard de Barbarie. Il est noir, à reflets verdâtres et a le dessous de la tête blanc. J'ignore à quelle grosseur exacte il peut atteindre à l'état adulte.

Je n'ai pas vu de type de *Frégate* à longue queue fourchue

dans la collection, cet oiseau de mauvais augure, qui présage aussi la tempête.

Enfin, pour dire un adieu définitif aux oiseaux de toutes familles et de tous genres, dont le nombre s'élève peut-être à quatre ou cinq cents au Musée, nous allons passer une dernière revue par les **Lamellirostres**.

Cette inspection nous fera voir : — le Cygne à bec noir (*Cycnus ferus*, Briss.), tout blanc, et pattes noires comme le bec. Il est inutile de parler de la forme gracieuse de ces grands et magnifiques oiseaux que tout le monde a vus naviguer sur les bassins de nos parcs, et dont aucun navire n'a la svelte élégance; pureté de formes dont s'éloignent de plus en plus les véloces *Monitors* plus ou moins blindés et éperonnés que l'on construit de nos jours ;

L'Oie rieuse (*Anser leucopsis*, Bechst.), au bec court, au cou gris-cendré, à l'abdomen noir et blanc, et aux pattes jaunâtres, un peu plus grande que la Bernache nonnette (*Cinas erythropus*, Lin.), dont j'escamote la description ;

Le Canard huppé ♂ (*Anas sponsa*, Lin.), de l'Amérique septentrionale. Ce joli palmipède, à huppe renversée, à tête noire traversée de deux larges raies blanches nettement coupées, a le bec jaune, de fines mouchetures sur les côtés, le ventre blanc, le dos et la queue noirs, à reflets verdâtres;

Le Canard Souchet (*Anas clypeata*), de taille inférieure à celle des canards ordinaires, a la tête et le col d'un vert foncé miroitant, et le ventre moitié blanc et moitié marron.

Je m'arrête ici sans parler des *Macreuses, Sarcelles, Garrots, Glaucions* (*Claugula glaucion*, Ch. Bonap.), d'Europe, et autres espèces caractéristiques que j'avais pourtant enregistrées. Mais il faut savoir se borner, et songer que j'ai encore beaucoup de choses à dire sur d'autres animaux, pour remplir mon programme, achever la tâche que je me suis imposée, et dont je ne veux pas compromettre l'intérêt par trop de longueurs; car la liste que je viens de dresser ne donne que de simples points de repère dans le labyrinthe ornithologique.

OEUFS D'OISEAUX.

A la suite des Oiseaux, et comme complément obligé, je ne puis me dispenser de dire deux mots sur les OEufs; mais ma tirade ne sera pas longue, car le Musée n'en possède que quelques rares échantillons innomés, perdus dans le coin obscur d'une étagère inférieure.

On y voit des œufs d'Autruche, de Poule, de Canard sauvage, de Perdrix, de Merle et d'autres tout petits oiseaux, ainsi que des monstruosités oologiques anormales par leurs conformations baroques, contournées en hélice, ou affectant la forme d'une cornue de laboratoire de chimie.

Cependant il y a dans une autre armoire vitrée, consacrée à la paléontologie, une imitation, grandeur naturelle, de l'œuf d'*Epyornis*, cet oiseau fossile, colosse d'une époque antédiluvienne, trouvé à Madagascar; lequel œuf est gros au moins six fois comme celui de l'Autruche du Sahara, pourtant d'une taille déjà fort respectable.

REPTILES.

Chéloniens.

Cette première subdivision des *Reptiles* compte au Musée de Tours quelques espèces dont une surtout est fort remarquable par ses dimensions énormes, c'est la tortue éléphan-tine (*Testudo elephantina*, Biberon et Duméril), de l'île de France, placée dans l'embrasure d'une croisée. Ce *Chélonien* monstrueux doit être d'une force herculéenne, et vous cou-perait facilement un doigt d'un coup de son robuste bec tranchant. Il mesure 1 mètre 30 au moins de longueur; sa carapace toute noire, très-bombée, est formée de treize écailles larges comme des plats, sans compter le pourtour ou rebord de cette vaste boîte cornée et écailleuse. C'est sans doute dans une carapace de ce module qu'on avait dressé le berceau fantaisiste du bon roi Henri IV à Saint-Germain-en-Laye.

Malgré l'intervertissement forcé à cause des lacunes qui existent au Musée dans la classification des différentes familles chéloniennes, je poursuis imperturbablement mon inventaire.

Trois carapaces isolées, sans plastron, l'une appartenant à la Tortue dite *à lignes concentriques*, de la partie nord du Nouveau-Monde, New-York et Florides, de 14 à 15 centi-mètres de long; l'autre, la *Matamata*, de même provenance; et la dernière, la *Charbonnière*, du Brésil, de la Jamaïque et du Chili, laquelle n'est guère plus grande et dont les écailles sont noires, avec un point jaune au centre.

Il y a en outre le *Carret*, de belle taille, à écailles noires lancéolées; la Tortue à *bords en scie* et la Tortue *marine* ou Tortue *franche*, de la forme d'un losange arrondi, couleur marron, aux écailles marbrées; toutes trois à carapace plate, et habitantes de la mer.

Plus, d'une part, la carapace de la Tortue *cistude*, très-aplatie, longue de 50 centimètres; et, d'autre part, la même partie supérieure de la Tortue *indienne*, plus volumineuse encore, mais de conformation inaccoutumée, oblongue, cylindro-piriforme, se rabattant en arrière en une forte dépression

J'allais oublier une pièce curieuse, la Tortue *roussâtre* ou *réticulée*, de la Caroline, dont on voit intérieurement le squelette, les attaches de la tête et des pattes, attendu que son dos proéminent s'ouvre et se ferme à volonté, comme une vraie tabatière, ce qui est d'une ingénieuse et utile invention.

Sauriens.

Les Sauriens s'énumèrent de la manière suivante :

Le Lézard Varan (*Varanus arenarius*), du Sahara, de la longueur d'un mètre, noirâtre, avec des dessins hiéroglyphiques blancs, et de grands ongles crochus ; — le *Fouettequeue*, des mêmes régions sablonneuses, presque aussi développé, de teintes grises, aux écailles soulevées ;

L'Iguane vulgaire (*Lacerta iguana*), d'Afrique, longue de 50 centimètres ; ce saurien, bizarre de formes, aux yeux rouges et aux grandes pattes, à l'épine du dos hérissée de piquants rappelant les nageoires de certains poissons cartilagineux.

On voit ensuite, dans des tubes de verre, le Caméléon commun, d'Algérie ; — le Scinque des boutiques (*Scincus officinalis*), marqueté de noir et de blanc ; — le Lézard ocellé (*Lacerta ocellata*, Lamarck), à grosse tête, à peau remarquable, formée d'entrelacements de cercles blancs sur un fond grisâtre ; — le Gongyle ocellé (*Gongylus ocellatus*, Bib. et Dum.) — et le Trachièle marbré.

Le Crocodile d'Amérique ou Caïman (*Lacerta alligator*), monstre horrible et terrifiant, qui mesure plus de 2 mètres du bout de sa queue jusqu'à sa terrible gueule, armée de dents formidables; — et le Crocodile du Nil, trois quarts moins grand, mais paraissant tout aussi aimable. Ils ont tous deux sept rangées de rugosités dorsales très-prononcées. — Puis, pour le bouquet, une *momie* desséchée de Crocodile de la Haute-Égypte, comme le précédent, laquelle n'est pas du tout engageante à voir, avec sa défroque de vieilles bandelettes jaunies et ratatinées, chiffons qui lui pendillent au bout de la queue, et qui doivent sentir le crû par excellence des embaumements perfectionnés.

Ophidiens.

Quant aux Ophidiens, il y a, en commençant par la gauche, au bout du casier, dans de longs tubes pleins d'alcool : le *Tortrix settale;* — le *Smantodes ceuchoa*, noir et blanc, long et mince, à grandes taches; — l'*Amblycéphale bucéphale;* — le *Comodon smeatum*, argenté, avec rondelles imperceptiblement bleuâtres; — l'*Acontias Pintade*, très-court, etc.;

La Couleuvre *cingla*, de la Touraine, au fourreau noirâtre, de 25 à 30 centimètres;

Le *Boa constrictor*, du Brésil, d'une longueur de 1 mètre 50 centimètres environ, gros comme la jambe, marron-roux, avec de régulières annularisations jaunâtres ;

Le Python royal, d'Afrique, d'égale grosseur, blanchâtre en dessous, écailles foncées en dessus, à dessins peu indiqués et brumeux ;

La Dryine nasique grise (*Dryinus nasatus*, Bib. et Dum.), qui a de 50 à 60 centimètres, filiforme et d'un gris-bleu indécis.

Voilà en peu de lignes, plus ou moins apologétiques, pour l'exhibition chélonienne, saurienne et ophidienne, tout le mince bagage erpétologique du Musée.

BATRACIENS.

La Grenouille *mugissante*, de Virginie, est seule de sa race pour éclairer l'esprit sur cet ordre d'amphibiens. Il est vrai qu'elle en représente bien, par sa taille, quatre ou cinq ordinaires des nôtres de France. Elle est colorée d'un gris foncé, avec le ventre blanc, et se donne le luxe de zébrures noires au dos et aux mollets, car les grenouilles sont dotées de cet agrément physique fort apprécié en chorégraphie.

POISSONS.

Nous sommes bien modestement et maigrement pourvus aussi dans cette branche d'animaux aquatiques et de nageurs de haute école pour la plupart.

Poissons osseux.

Parmi les Poissons osseux on distingue : — le *Spare faucille*, à écailles d'un beau vert, ramassé dans sa taille, qui n'a que **25** centimètres;

Le Tranoscope rat (*Tapecon raspecon*), de l'Océan atlantique, d'une forme ordinaire, blanc mat, avec de grands yeux noirs;

Le Lépisostée caviale (*Esox osseus*), de près d'un mètre, à écailles argentées en forme de losanges ;

L'*Echeneis remora*, dit Sucet, des côtes de Mozambique, de petite dimension ;

Le Dactyloptère pirapède (*Frigla volitans*), Poisson-Volant, aux ailes-nageoires qui rappellent la chauve-souris, dont elles ont la teinte sombre ; très-singulière conformation qui lui permet de s'élancer un peu hors de l'eau et d'ébaucher, en l'affrontant, une navigation aérienne. Il en tombe quelquefois sur les navires qui traversent la Méditerranée ;

Le Gymnothorax murène (*Murena helena*), d'un mètre de long, jaunâtre, cylindriforme, ressemblant à une grossière ébauche de serpent, avec une queue écourtée et le dos couvert de dessins d'anneaux marron-foncé, enchevêtrés les uns dans les autres ;

La Scie commune (*Squalus pristis*), jeune âge, noire, yeux jaunes, longue défense pectinée à dents espacées, arme redoutable soudée à sa tête ;

Le *Squale Requin*, de 1 mètre 30 c. environ, qui n'a pas une physionomie bien avenante. Plus un amas de scies du *Squalus pectinus ;* — le *Squale Ange*, de forme ellipsoïde, qui mesure au moins 1 mètre de longueur, à grandes nageoires et grosse tête ronde, à peau de chagrin comme tous les *Chiens de mer*, ses coriaces congénères ; — le *Squale Roussette*, de 2 mètres, gris-perle, avec les mêmes rugosités cutanées, dont on se sert quelquefois encore pour décrasser et émousser les *procédés* des queues de billard.

Puis le Trétodon Lune (*Tretodon mola*), de 90 centimètres, pourvu de puissantes nageoires presque parallèles à l'extrémité caudale.

Poissons cartilagineux.

L'Esturgeon (*Acipenser*), de taille puissante, avec des rangées d'écussons durs, coniques ou patelliformes, implantés dans le sens longitudinal du corps.

Plusieurs *Diodons*, ces sortes de cauchemars réalisés au-delà de toute imagination, qui pourraient donner la main ou la nageoire aux anguleux Ostracions, avec lesquels ils ont une certaine parenté, s'ils n'étaient pas complètement inabordables. Du reste, voici quelques-uns de leurs charmants petits noms assez caractéristiques : le Diodon *étoilé*, tout rond, gris-cendré, couvert d'épines ; le Diodon *tigré*, à épines rabattues ; le Diodon *longue-épine ;* le Diodon *orbe* ou *hérisson ;* le Diodon *blanc* et le Diodon *courte-épine*. La conformation sphéroïdale de ces petits amours de poissons, couverts d'un arsenal d'aiguilles, de piques et de lances, comme on voit, les fait paraître, du premier coup d'œil, bons à prendre autant que possible avec des pincettes.

L'Ostracion *coffre étoilé*, blanchâtre, à angles très-aigus, à nageoires palmées, à queue marron-foncé, avec des impressions gris-perle répandues sur tout son corps, de la régularité la plus géométrique, rappelant la forme agréable des fleurs dites Croix-de-Jérusalem, est suivi du petit Ostracion *bossu*, qui est quadrangulaire ; lequel est suivi à son tour d'une foule d'autres membres de cette famille mal tournée, tels que l'Ostracion *coffre triangulaire*, l'Ostracion *coffre moucheté, coffre pointillé*, etc., famille disgracieuse et difforme que la nature n'a pas craint pourtant de couvrir et de parer de fleurs et de mouchetures charmantes.

Là se borne la série de l'ordre des Poissons.

ENTOMOZOAIRES

ou

ANNELÉS.

Articulés.

Le Musée commence en ce moment à placer une très-infime collection d'Insectes proprement dits, dans une étroite vitrine où l'on ne voit et où il n'y aura que fort peu de chose, et encore seulement en **Coléoptères, Hyménoptères, Lépidoptères** et **Diptères**. Les **Orthoptères, Névroptères** et **Hémiptères** ne sont pas encore représentés; le seront-ils? je l'ignore.

Pour les Hyménoptères, il existe un nid de la Guêpe frelon (*Vespa crabo*, Lin.), d'une grosseur énorme, presque sphérique, composé d'une sorte de carton rubané, tortillé et contourné de la manière la plus inextricable, aux couleurs grise, fauve et jaunâtre; c'est un bel échantillon, qui a les honneurs d'un globe de pendule.

Quant aux **Myriapodes** et aux **Arachnides**, il n'y a absolument rien.

Les **Crustacés** seuls possèdent quelques sujets disparates et sans suite, qui, comme de raison, sont tous marqués au coin du laid le plus invraisemblable, sous le rapport de leurs formes ou plutôt de leurs déformations biscornues, fantastiques et extravagantes. Il n'est pas rigidement nécessaire de les déterrer parmi les Reptiles et les Poissons, dans la compagnie desquels ils se trouvent un peu dépaysés.

Vers.

Les **Annélides** et les **Helminthes** y font triste figure également, ou, avec plus d'exactitude, visage de bois; ils n'ont, pour les Annélides, qu'une seule et unique espèce, une pauvre Sangsue, qui s'ennuirait énormément dans sa morne solitude, au fond de son petit flacon à esprit de vin, si elle n'avait le bonheur malheureux d'être morte déjà depuis longtemps.

MOLLUSQUES

ET

CONCHYLIOLOGIE.

Céphalopodes.

Les Céphalopodes brillent aussi par leur absence; ils ne sont indiqués sommairement que par l'habitation de l'*Argonaute Argo*, parce que cette habitation est une grande coquille magnifique, blanche, ondulée, légère, transparente et fragile, de forme naviculaire; et par le *Nautile flambé*, dont la demeure est fort belle aussi, quoique toute différente, épaisse et à compartiments intérieurs nacrés, avec des rayures aurores sur un fond blanc-jaunâtre extérieurement. Ce coquillage, étant décapé, découvre également à sa surface la plus belle nacre, sur laquelle on grave souvent de jolis dessins en relief ou en creux, faisant le désespoir de certains conchyliologistes, qui regardent ce travail artistique comme une mutilation et un vandaïisme.

On aurait été curieux pourtant, à défaut de *Cranchies,
Sépioles, Seiches, Béloptères, Calmars, Ommastrèphes,* etc ,
de rencontrer au moins, dans un grand récipient en verre,
le Poulpe commun (*Octopus,* Lam.), je veux dire la célèbre
Pieuvre, illustrée d'une façon magistrale par Victor Hugo.

Gastéropodes.

Les Gastéropodes, ou plutôt les coquillages qui renfer-
maient les Mollusques de cette catégorie, sont groupés
principalement dans une vitrine centrale et isolée; ils sont
assez nombreux et représentent, je crois, après un rapide
coup d'œil jeté sur les rayons, à peu près tous les princi-
paux genres conchyliologiques, terrestres, fluviatiles et
marins qui y sont afférents, tels que *Bulles, Hélices, Bu-
limes, Auricules, Cyclostomes, Planorbes, Nérites, Haliotides,
Patelles, Oscabrions, Cadrans, Troques, Turbos, Cérithes,
Fuseaux, Pyrules, Rochers, Tritons, Ptérocères, Strombes,
Casques, Harpes, Tonnes, Vis, Mitres, Volutes, Marginelles,
Ovules, Porcelaines, Olives, Cônes,* etc.

Acéphales.

Mêmes observations pour les Mollusques acéphales de mer
ou d'eau douce, dont les coquilles bivalves, de toutes formes
et de toutes nuances, se composent de *Tarets, Pholades,
Solens, Mactres, Crassatelles, Vénéruppes, Tellines, Cythérées,
Vénus, Bucardes, Arches, Pétoncles, Trigonies, Anodontes,
Tridacnes, Modioles, Moules, Pintadines, Peignes, Spondyles,
Gryphées, Huîtres, Anomies, Térébratules,* etc.

Une seconde vitrine est consacrée à la *Conchyliologie fossile* et autres pétrifications, qui sont également en bon nombre et renferment quelques grandes *Ammonites*, des *Bélemnites*, des *Encrinites*, et une foule de coquillages univalves, bivalves ou multivalves, principalement des terrains crétacés.

Chercher à vouloir entrer dans des détails plus circonstanciés sur la Conchyliologie actuelle, ou sur celle des âges perdus du monde, serait tenter de pénétrer inutilement dans un dédale en dehors de mon sujet, qui ne doit être qu'une simple ébauche et un compte-rendu très-sommaire.

ZOOPHYTES.

Radiaires.

La première subdivision des *Radiaires* ou *Rayonnés*, les **Echinodermes,** n'est gratifiée ici que d'une dizaine d'espèces d'Astéries ou Etoiles de mer (*Asterias*), et d'une vingtaine d'espèces d'Oursins (*Echinus*) que l'on nomme vulgairement Hérissons ou Châtaignes de mer. Cette minime collection n'a aucun type de particulièrement remarquable ; il lui manque même, pour compléter la *faune-flore* dont les *Rayonnés* tiennent le haut rang parmi les *animaux-plantes*, une ou deux Holothuries (*Holothuria*), dits Cornichons ou Concombres de mer, sobriquets qui dépeignent à merveille la forme cucurbitacée de ces animalisations mamelonnées, poilues ou épineuses.

Parmi les **Acalèphes,** ce sont les Méduses ou *Rhizostomes,* appelés aussi Orties de mer, qui viennent ensuite, sortes de parapluies ou d'hémisphères gélatineux qui pullulent partout, mais auxquels il est impossible de conserver, dans des bains d'alcool, leurs teintes transparentes et souvent brillantes et irisées lorsqu'ils se balancent au sein des eaux; les Méduses, disons-nous, manquent naturellement au Musée, qui ne possède pas d'Aquarium pour les avoir vivantes, ou de vases *ad hoc* pour les conserver après leur mort.

Les **Polypes** sont assez bien représentés. Il y a quelques *Tubipores*, beaucoup de *Madrépores*, d'*Astrées* et de *Méandrines*, entre autres celle dite Cerveau de Minerve (*Meandrina cerebriformis*, Lam.), superbe et volumineux échantillon, orbiforme, blanc d'albâtre, avec des vermiculations sans fin, qui ressemblent effectivement aux substances cérébrales, tout contournées, logées dans la concavité du crâne.

Il y a de plus un assemblage de quelques *Gorgones* représentant de petites arborisations très-branchues, généralement plates, blanches, noires, roses, violettes (*Gorgona violacea*), grises, jaunes ou rouges, souvent développées gracieusement en éventail, comme la *Gorgona flabellum* de Linné.

Spongiaires.

En fait de Spongiaires, je n'ai vu qu'une fort grande Eponge, la Coupe de Neptune (*Spongia caliciformis*), de la mer du Nord, ayant la forme creuse et élégante d'un verre à pied, mais d'un verre géant, dont la capacité, de plusieurs vidrecomes hollandais, aurait fait sourire Gargantua, ce digne rejeton « *du bonhomme Grandgousier, beuuant et se* » *rigoullant auecques les aultres, qui entendit le cry horrible* » *que son fils auoit faict entrant en la lumière de ce monde,* » *quand il brasmoit demandant a boyre, a boyre, a boyre,* »

comme dit mon ami François Rabelais, le Tourangeau, une
des plus marquantes illustrations, quoique un peu leste et
égrillarde, du vieil esprit gaulois.

PALÉONTOLOGIE.

La Paléontologie, ou la description des *animaux* et des
végétaux fossiles qui ont jadis peuplé la terre ou orné sa
surface de ses plantureuses et luxuriantes verdures, possède,
dans trois vitrines, quelques ossements et empreintes parmi
lesquels je citerai les suivants.

Des dents et des côtes du *Dinotherium giganteum;* des
défenses du même colossal pachyderme de l'époque tertiaire,
armes terribles à la façon de celles du Morse, dirigées vers
le sol et implantées sous une tête qui avait plus d'un mètre
de long et un mètre de large. Le Dinothérion était le plus
grand mammifère qui eût jamais existé, et auprès duquel
nos éléphants actuels, si massifs qu'ils soient, ne sont que
des avortons et des pygmées. On est saisi d'étonnement en
songeant à des créations semblables comparées aux espèces
contemporaines.

Des dents molaires de Mastodonte et de Rhinocéros, avec
portions de mâchoires; une dent canine d'Hippopotame; et
deux côtes, une d'Eléphant, peut-être l'*Elephas primigenius*,
et l'autre de Lamantin ou Ours de mer.

La tête d'un *Ichthyosaurus intermedius*, pseudo-caïman
marin, ichthyophage; et la mâchoire inférieure d'un *Plesio-
saurus*, cet autre grandissime saurien, au long cou de
serpent, habitant le vaste et insondable aquarium des mers
de la période jurassique, qui fait partie de l'époque
secondaire.

Un *Ichthyolithe*, ou poisson fossile.

Une tête de *Palæolerium medium*, sorte de grand herbivore tenant du Tapir, provenant des inépuisables carrières de Montmartre, ainsi que la majeure partie des autres types désignés ci-dessus, que notre immortel Cuvier a si bien reconstitués avec l'intuition patiente et infatigable que développe la science chez ses adeptes les plus autorisés et les plus fervents, recherches qui le conduisirent aux plus curieuses et aux plus hautes découvertes où puisse atteindre le génie de l'homme!

Il y a en outre de belles imitations, dont deux de grandeur naturelle, sur des plaques de 2 mètres de long, l'une représentant intégralement le squelette de l'*Ichthyosaure*, donné par le Ministre de l'Intérieur, et l'autre, celui du *Plésiosaure*, donné par le Ministre de l'Instruction publique. La date de ces dons et les noms des donataires ne sont pas indiqués. Ces *fac-simile* du système osseux de ces hideux habitants primitifs de notre terre, dont ils étaient les tyrans redoutables, sont noirâtres sur un fond de teinte ardoisée qui les fait bien ressortir.

On remarque encore d'autres imitations dont les types originaux existent probablement au Muséum de Paris, entre autres des *Trilobites* fossiles, des Etats-Unis d'Amérique, tels que *Asaphus, Calymene, Isotelus, Nubtainia, Trimerus, Hemicryturus, Illænus, Paradoxides*, etc., sortes de Crustacés aux formes ovoïdes rappelant assez des Cloportes, mais des Cloportes imaginaires élevés presque à la quatrième puissance, et de plus dépourvus de pattes et d'antennes.

Puis des Encrines (*Encrinus*), zoophytes échinodermes, s'ouvrant, comme des fleurs, au bout d'une longue tige; admirables pétrifications dont les branches ou ramelles, lorsqu'on les casse, reproduisent la forme gracieuse et régulière d'une étoile à cinq rayons. J'ai trouvé souvent, autrefois, des Encrines aux environs de Montmédy, et même, dans le nombre, de fort beaux échantillons.

Viennent ensuite des empreintes de Poissons sur des gaillettes de houille.

Et enfin des agrégats argileux impressionnés de feuillages de divers végétaux, *Préles* et *Fougères* gigantesques dont les espèces éteintes sont remplacées aujourd'hui par d'autres Préles et d'autres Fougères naines, rabougries, chétives et clair-semées; une empreinte de *Peuplier;* une empreinte de *Sigyllaria* sur un grès schisteux; un tronc d'arbre fossile d'un mètre de haut et d'un fort diamètre, et quelques fragments de bois innomés, de diverses essences, également convertis en pierre.

Voilà à peu près le détail abrégé des possessions paléontologiques du Musée. Ce ne sont pas à coup sûr, si peu étendues qu'elles soient, ses richesses les moins dignes d'intérêt; car cette attrayante et merveilleuse science de la Géologie agrandit les pensées non-seulement du naturaliste qui la cultive avec amour, mais encore du philosophe et même du poëte. Cette assertion nous semble si vraie, que nous-même, étant jeune, et ayant accompagné quelquefois des géologues dans leurs savantes explorations, nous étions tellement ébloui des trouvailles précieuses que nous faisions et surtout des révélations merveilleuses qui nous étaient dévoilées à ce sujet, que, pendant longtemps, — si l'on veut bien nous permettre ce futile détail personnel, — nous avions rêvé, dans notre juvénile audace qui ne manquait pas cependant d'une certaine grandeur originale; nous avions rêvé, disons-nous, de jeter sur le papier quelques pensées enthousiastes qui devaient avoir pour titre trois mots grandioses, dont la réunion est inaccoutumée :

ANTEDILUVIANA

Poésie géologique,

projet passionnel et chimérique qui, heureusement sans doute, n'a jamais été mis à exécution.

BOTANIQUE.

Il y a au Musée deux petits meubles renfermant des dons d'herbiers de la *Flore phanérogamique*, qui ne me paraissent pas bien considérables, mais en rapport pourtant avec le peu d'espace qui leur est réservé.

Dans un autre endroit sont étalés quelques produits végétaux, Graines ou Fruits exotiques et indigènes, tels que *Cocos* des Maldives, enveloppés dans leurs écorces; de larges *Gousses* de je ne sais quel arbre, de 60 à 70 centimètres de longueur; des *Pommes de Pins* de plusieurs espèces de conifères; des *Calebasses*, et une imitation de Poire extraordinaire par sa grosseur, dite *Belle Angevine*, comme je n'en ai jamais vu à aucune exposition horticole.

Puis un assortiment d'environ quatre-vingts *Cryptogames* artificiels des diverses familles de Champignons, Morilles et Truffes, très-exacts de formes et de couleurs.

MINÉRALOGIE.

La Minéralogie, au sujet de laquelle je ne veux pas être prolixe non plus, pour hâter la fin de ce travail, est richement représentée; elle accapare une vingtaine d'armoires vitrées, à quinze ou vingt rayons chacune, sur lesquels sont alignés avec méthode et régularité de trois à quatre mille échantillons de pierres ainsi désignées.

Substances acidifères à bases alcalines, telles que *Chaux carbonatées, phosphatées, fluatées, sulfatées, nitratées, arseniatées,* dont quelques-unes sont ornées de cristallisations ; *Chaux fluatée amorphe; Spath fluor,* dans lequel, comme fantaisie, on a taillé une urne translucide aux jaspures agatoïdes violettes, blanches, noires, grises, qui produisent un bel effet. Les mêmes substances acidifères alcalines possèdent encore des *Barytes sulfatées* et *carbonatées,* de la *Magnésie,* de la *Silice fluatée alumineuse,* de la *Potasse nitratée,* de la *Soude muriatée,* avec aiguilles cristallines ; de l'*Ammoniaque* et de l'*Alumine,* également composées.

Puis viennent des **Silicates à bases diverses,** c'est-à-dire des *Quartz (Agate-Calcédoine),* des *Jaspes hyalins* formant de très-grands cristaux blancs et gris; des *Agates* et des *Jaspes* polis; des pierres précieuses, brutes ou taillées : *Diamant, Emeraude* en prisme hexaèdre, du Pérou ; *Corindon hyalin* ou *Rubis-balais, Télésie,* du Thibet, de couleur rose; du quartz *résinite,* des émeraudes *bleues* et *vertes, prismées,* des émeraudes *blanches,* des environs de Limoges; des émeraudes *Aigues-marines,* sur leur roche, de Pont-Percé, près d'Alençon ; du *Grenat* primitif, en dodécaèdre régulier, de Bohême, des *Grenats jaune, noir, rouge-brun, orangé* et *vert,* dans un granit de Pasouli.

On lit ensuite les noms des genres *Feldspath, Ydocrase, Méionite, Apophyllite, Lazulite* dont un *Lapis-Lazuli, outremer,* dans sa roche, provenant de Sibérie, d'un beau bleu mat, sablé d'or; *Gadolinite, Mézotype, Néphéline, Mica,* de toutes nuances; *Disthène, Dipyre, Talc, Alumine,* etc., qu'il est inutile de détailler à l'infini dans une notice de ce genre.

Enfin de beaux échantillons de *Soufre natif, primitif,* en octaèdre, l'un avec *Chaux carbonatée,* d'Espagne, l'autre également *natif, jaune, amorphe,* de la solfatare près de Naples; plus de fort remarquables spécimens de *Soufre octaèdre prismé,* variétés *rouge* et *jaune,* de Girgenti, en Sicile, cristaux que l'on prendrait pour des Topazes, tant leur transparence est pure et limpide; ces échantillons hors ligne, et que j'ai cru devoir mentionner spécialement, sont placés isolément, en grande pompe, sur une table vitrée. Ils proviennent d'un don de M. l'abbé Mesnard, secrétaire particulier de S. Em. Mgr Morlot, ancien Cardinal-archevêque de Tours, pendant l'épiscopat de ce prélat.

Arrivent ensuite des **Combustibles :** *Anthracites; Bitumes; Houilles feuilletées, pyriteuses, irisées; Jayet* et *Succin.*

On voit encore, en suivant les casiers, en fait de **Métaux,** du *Platine,* de l'*Or natif* sur quartz, dans une roche feldspathique; de l'*Argent sulfuré, antimonié, carbonaté* et *muriaté;* du *Mercure natif* sur sa roche, et du *Mercure sulfuré,* d'Angleterre; du *Plomb sulfuré, arsenié, chrômaté, phosphaté, molybdaté* et *sulfaté;* du *Nickel arsenical* et *oxidé;* du *Cuivre natif ramuleux, pyriteux, sulfuré,* etc.; du *Fer,* de l'*Acier natif* sur une lave, de La Bouche; du *Fer natif, météorologique, Aérolithe* tombé du ciel dans le département de l'Ardèche; et un second Aérolithe également tombé du ciel à l'Aigle, en 1821, avec une pluie d'autres semblables *bolides* dits *Pierres de l'Aigle,* qui ont tant attiré, à cette époque, l'attention des astronomes et des minéralogistes. — L'Aigle est une jolie petite ville de Normandie, réputée, comme on sait, pour la fabrication des épingles et des aiguilles, lesquelles ne sont naturellement pour rien dans la chute des Bolides en question, ne partageant pas avec les grandissimes aiguilles aimantées, que l'on appelle paratonnerres, la propriété d'attirer la foudre et encore moins des Aérolithes, ces mondes microscopiques et ferrugineux qui se permettent de faire leurs pérégrinations aventureuses et cométaires dans les plaines éthérées de l'espace.

Les **Métaux** sont encore représentés par du *Fer arsenical, sulfuré, oxidé, phosphaté, chrômaté, arseniaté* et *sulfaté;* par de l'*Etain oxidé* et *sulfuré*, du *Zinc*, du *Bismuth natif*, de Saxe; du *Cobalt gris* ou *oxidé noir*, de l'*Arsenic*, du *Manganèse* et de l'*Antimoine*.

On arrive ensuite aux **Roches primordiales en fusion**, savoir : *Molybdène sulfuré*, espèce unique; *Titane siliceo-calcaire, Tellure, Cerium oxidé*, espèce unique; *Chrôme oxidé*, et *Roches feldspathiques*.

A côté se trouvent les **Marbres**, disposés uniformément par petites plaques polies qui ont environ quatre-vingts types différents, et proviennent des *Roches micacées, calcaires, jadiennes, pétrosiliceuses, cornéennes, serpentineuses* et *argileuses*. Il y a surtout, parmi ces produits marmoréens, le *Marbre calcaire ruiniforme*, de Florence, représentant effectivement, avec une apparence de vérité incroyable que l'on prendrait pour une sépia ou une plaque daguerrienne, les ruines et les tristes débris d'une ville qui aurait été assiégée et saccagée; cette espèce italienne, extrêmement curieuse et bizarre, vous transporte par la pensée aux fameux siéges de Corynthe ou de Sébastopol.

Plus loin sont groupées les **Laves des terrains volcaniques de l'Auvergne :** *Laves basaltiques, lithoïdes, vitreuses* et *scorifères;* puis des *Thermantides*, matières qui n'offrent que des indices de cuisson et de calcination. Dans le coin d'une salle voisine, on admire un *Prisme basaltique*, des mêmes régions, magnifique monolithe du poids de 350 kilogs et de près de 4 mètres de hauteur.

La vitrine suivante est affectée exclusivement au **Terrain** parisien : *Argile plastique, Période palæothérienne, Calcaire grossier, Sables quartzeux glauconifères, Calcaire pisolithique, Calcaire crayeux, Grès* et *Sables* dits de *Beauchamp, Calcaire siliceux, Gypse, Marne supérieure au Gypse; Terrains de la période alluviale,* du *grand atterrissement diluvien* et des *alluvions fluviatiles;* des *Grès* et *Sables* dits de *Montmartre,* des *Meulières* et du *Calcaire à hélices, Planorbes, Lymnées,* etc.

Les étagères suivantes renferment environ 150 échantillons du **Terrain anthraxifère de l'Anjou** : *Quartz, Calcaires, Grès, Charbons de terre,* etc.; puis 300 autres spécimens des **Terrains volcaniques de l'Auvergne** : *Primordiaux; houillers; Terrains de sédiment, inférieurs* ou *secondaires;* et, pour achever cette liste déjà pourtant un peu écourtée, une dernière vitrine contenant aussi environ 300 pierres étiquetées, avec le titre de **Roches générales, système Cordier.**

Je pense qu'au moyen de ces jalons indicateurs sur la *Minéralogie,* des yeux exercés pourront encore y découvrir l'importance réelle que peut avoir cette collection, qui doit être, selon moi, assez riche pour les spécialistes.

Si par hasard quelques erreurs de détail se sont glissées dans le cours de ce résumé d'Histoire naturelle qui n'est, je le répète, qu'un simple aperçu, ces erreurs, s'il s'en trouve, ne sont pas entièrement de mon fait et ne peuvent être attribuées, en majeure partie, je le déclare ouvertement, qu'aux classifications du Musée, parfois un peu boiteuses et surtout estropiées quant à l'orthographe de quelques noms techniques, ce dont je juge prudent de me disculper en présence du docte et éminent aréopage de la Société Linnéenne du Nord de la France.

II

JARDIN BOTANIQUE ET ZOOLOGIQUE.

Le Jardin Botanique et Zoologique de Tours, qui est ouvert tous les jours au public, ne remonte pas à une époque reculée; cependant il ne manque pas d'une certaine importance relative, et a surtout de l'animation par la mise en scène des divers types d'animaux vivants qui y sont placés, et qui en font un but d'agrément, de curiosité ou d'étude pour beaucoup de personnes. Il est situé, comme la plupart des créations du même genre, à l'une des extrémités et presque en dehors de la ville, près du magnifique hospice général de la Charité, l'un des plus remarquables de toute la France, non-seulement par ses vastes et nombreux bâtiments, mais encore par les promenades, les allées d'arbres et les jardins spacieux qui en dépendent. De l'autre côté on aperçoit les vestiges du fameux château royal du Plessis-lez-Tours ou Plessis-du-Parc, cette résidence favorite de Louis XI, où ce monarque passa une partie de sa vie, et dont il ne reste aujourd'hui qu'une tour en ruine et un simple corps de logis que l'on restaure pour l'habiter, mais qui ne rappelle en rien l'ancien manoir fortifié du vieux Plessis, tout hérissé de donjons et de tourelles comme celui de Chambord, que j'ai visité l'année dernière, et entouré de toutes parts de bas-fossés pleins d'eau, tel qu'il était en 1480, et que le représente, d'après un ancien dessin, le tableau inscrit sous le n° 121, de M. F.-A. Pernot, 1850, au Musée de peinture.

En entrant au Jardin Botanique, les regards se portent

tout d'abord sur trois grandes serres assez monumentales qui se touchent et se communiquent, fort bien exposées et d'une bonne disposition, dont celle du centre domine les deux autres, et qui ressemblent un peu, mais en diminutif, il faut en convenir, aux serres de premier ordre, immenses, admirables et élégantes de construction, qui ornent royalement, comme un véritable et féerique palais de cristal, le splendide Jardin public de Bordeaux.

Dans le fond de la grande verrière centrale du Jardin de Tours, se lit, en lettres d'or sur une plaque de marbre noir, l'inscription suivante :

LE JARDIN BOTANIQUE FONDÉ EN **1842**

PAR **Anthyme MARGUERON**,

DOIT SA RICHESSE ET SA PROSPÉRITÉ

A L'HABILE DIRECTEUR

DU COMITÉ **De VILLIERS Du TERRAGE.**

—

CETTE INSCRIPTION EST DESTINÉE

A PERPÉTUER LE SOUVENIR

DE LEUR GÉNÉROSITÉ ET L'EXPRESSION

DE LA RECONNAISSANCE PUBLIQUE.

1859.

En face de cet écusson commémoratif sont placés quatre grands tableaux portant les noms de tous les souscripteurs, au nombre d'environ cinq cents.

En jetant un coup d'œil rapide sur les plantes les plus rares ou les plus curieuses de cette serre, on peut citer notamment, parmi les Fougères arborescentes, l'*Asophila australis*, et le rare *Balantium artanticum*.

Parmi les Palmiers, le *Dracæna indivisa* ou Dragonnier, aux longues feuilles pointues et acérées, qui se trouve dans l'Inde et aux Canaries. Ténériffe possède un célèbre Dragonnier, un des géants et peut-être le plus ancien végétal du monde.

Le *Chamærops humilis*, Lin., qui porte sa fructification pour la première fois cette année, arbre nain dont le stipe prend rarement du développement, qui n'est que trop répandu en Algérie, n'y sert à rien, si ce n'est à fabriquer du mauvais crin végétal, et que les colons maudissent en chœur, parce que son extirpation exige un rude labeur pour le remplacer avantageusement par du blé ou de l'orge. Les Arabes font aussi des chapelets avec les graines du Palmier nain.

Le Palmier de l'île Bourbon (*Latania borbonica*, Comm.), très-bel arbre aux immenses feuilles en éventail.

Le *Pandanus utilis*, Lin., avec de longues feuilles en pointe.

Le Dattier ♂ (*Elate sylvestris*), qui fleurit tous les ans et donne, comme à regret, sous ce vitrage, une vingtaine de fleurs infécondes. Ce *prince du règne végétal*, ainsi qualifié avec raison, possède des feuilles palmées de 2 et 3 mètres de long.

Trois Bananiers : le *Musa discolor*, qui fructifie, mais ne doit pas donner des fruits bien savoureux; le *Sinensis* et le *Paradisiaca*.

L'*Astrocarym mexicanum*, Meyer, plante la plus rare de la serre, portant des feuilles qui se fendillent, couvertes de longues épines noires, fines comme des aiguilles, au revers de leur tige.

Parmi les Cactées, on remarque un magnifique *Opuntia ficus-indica*, de l'Amérique méridionale, naturalisé en Espagne et en Italie, qui rapporte des fruits comestibles parvenant à maturité et dont les raquettes sont oblongues; il a environ 4 mètres de hauteur, ce qui est considérable, car les plus grands Cactus d'Alger, dits *Figuiers de Barbarie,* qui, à la vérité, ne sont pas de la même espèce, ne dépassent guère cette élévation.

Enfin, parmi les Conifères, le *Cycas revoluta,* Lin., âgé d'une trentaine d'années.

L'*Arocaria excelsa* et autres de la même famille, aux feuillages très-légers.

Il y a aussi dans la grande serre, celle du milieu, des massifs coquets d'*Azalées,* de *Rhododendrons* et des *Orangers* fleuris qui embaument le local et produisent un charmant effet.

Tous ces Arbres, Arbustes ou Fleurs sont entourés d'un frais tapis vert composé des mêmes jolis *Lycopodes,* qui reposent agréablement la vue, et qu'on retrouve maintenant avec plaisir dans toutes les serres un peu importantes et bien organisées.

— Quatre jours après avoir écrit ce passage sur les Plantes, un incendie dévorait la serre centrale (l'orangerie), la moins importante des trois heureusement. —

Le Jardin Botanique et le Jardin Zoologique qui y fait suite ont, à eux deux, depuis le pavillon des plantes rares dont il vient d'être question jusqu'à l'autre extrémité, une étendue de près d'un kilomètre; mais il est à·regretter qu'ils n'aient pas un peu plus de largeur.

Au centre du premier jardin se trouve un bassin elliptique où poussent quelques plantes aquatiques indigènes, surtout de l'inévitable mais superbe famille des *Nymphœacées,* telles que le Nénuphar à fleurs blanches (*Nymphœa alba,* Lin.), le Nuphar à fleurs jaunes (*Nuphar luteum,* Smith), puis la *Villarsia nymphoïdes,* Lin.

Au milieu de ces fleurs paludéennes nagent des poissons

rouges, et sautent des grenouilles vertes et grises, qui ne renouvellent à la vérité aucune scène batrachomyomachique, parce que la gent ratière est inconnue aux abords de leur petit marécage, mais qui n'en font pas moins de vacarme avec leurs cacophoniques et rauques coassements; laquelle musique, détestable ou charmante, selon les goûts, ne cesse momentanément qu'au passage des promeneurs.

On parvient à ce bassin-aquarium, qui forme rond-point à la partie centrale du Jardin des Plantes, par une belle allée de Magnoliers à grandes fleurs (*Magnolia grandiflora*, Lin.), originaires de la Caroline; cette allée, qui a un cachet grandiose, se continue de l'autre côté de la petite pièce d'eau, et est bordée de fleurs et d'arbustes d'ornement et de fantaisie.

A droite et à gauche de cette large allée sont alignées les étroites plates-bandes, spécimens du terrain sacré qui touche peu les profanes, où se trouvent groupées en bon ordre, mais laissant à désirer sous le rapport de l'étiquetage qu'exige la nomenclature par familles, genres et espèces, toutes les plantes qui servent à l'étude de la science favorite et privilégiée des Linné, des Tournefort, des de Jussieu, des de Candolle et autres grands maîtres de la flore universelle; plantes que je n'essaierai pas d'énumérer ni de caractériser, eu égard à mon incompétence d'abord, puis ensuite et surtout à leur multiplicité. Ces détails infinis d'ailleurs ne pourraient trouver place dans le cadre restreint de cet opuscule; cependant je ne puis résister au désir de nommer, par exception, dans ce parterre scientifique :

Le Chêne-Liége (*Quercus robur*), propre aux pays chauds;

Le Cyprès chauve (*Cupressus distica*), qui a les feuilles disposées sur deux rangs;

Le *Ginockgo biroba*, conifère du Japon, qui pousse vigoureusement ;

Puis deux autres conifères encore, le *Crytomeria japonica*, qui est fort beau, et le *Taxodium sempervirens*, d'origine californienne ;

Enfin le *Wellingtonia gigantea*, de la même famille des Conifères, atteignant jusqu'à 130 mètres de hauteur, et pouvant vivre jusqu'à 4 000 ans ; arbre imposant, découvert sur la Sierra-Nevada par le naturaliste anglais Lobb. Mais il est loin d'être aussi gigantesque qu'en Californie, et ne le deviendra évidemment jamais sous le ciel de la France.

Arrivé au second jardin, c'est-à-dire au Jardin Zoologique ou d'Acclimatation, qui se fond avec celui qui est spécialement consacré aux plantes, le premier objet qui frappe la vue, c'est un jet d'eau faisant éruption d'un bassin circulaire sur la margelle duquel, cette fois, aucun timide batracien ne monte la garde, surtout lorsque la gerbe d'eau tombe de haut, avec un bruit de cascatelle, ce qui effarouche ses instincts contestables de bravoure. On voit au loin, à partir de ce bassin, de soyeuses pelouses de gazon, entretenues avec un soin, une sollicitude toute maternelle, si l'on peut s'exprimer ainsi, comme celles des Tuileries ou des Champs-Elysées, tapis de verdure qui produit toujours un effet chatoyant fort joli, surtout avec les perspectives variées et imprévues à l'infini de cabanes gracieuses et coquettes, toutes dissemblables, servant d'habitation aux animaux qui peuplent ce fragment de Paradis terrestre ; des ponts rustiques et légers jetés sur des cours d'eau où s'ébattent joyeusement des Palmipèdes de différentes espèces ; enfin tout ce qui forme le charme et l'apanage romantique et pittoresque des jardins anglais.

La qualification de *Jardin de la France* que l'on donne

communément, à tort ou à raison, à la contrée d'où nous écrivons ces lignes, est, selon nous, peut-être un peu exagérée sous plusieurs rapports. Nous demandons la permission — qu'on nous pardonne cet écart volontaire et prémédité — d'en dire quelques mots en dehors de notre sujet.

Or, cette vallée favorisée ne pouvait pas faire autrement que d'avoir un Jardin Botanique : Noblesse oblige, dit le proverbe.

Du reste, cette réputation de la Touraine date de loin, et c'est elle qui a attiré à Tours et surtout dans les environs, sur les riants coteaux les plus voisins des rives de la Loire, une colonie innombrable d'Anglais qui abandonnent allègrement leurs brouillards insulaires pour venir s'y fixer, — ce que je trouve très-rationel de leur part, — sans doute entraînés dans cet émerveillement préconçu et dans cette frénésie de villégiature, par la consultation attentive mais trop crédule de nos dictionnaires géographiques, qui tous, à l'envi, sans aucune exception ni réticence, ni explications devenues plausibles et de plus en plus nécessaires à l'époque actuelle, reproduisent la même triomphante expression de *Jardin de la France*, appliquée d'une manière indélébile à la province de Touraine. On comptait naguère jusqu'à douze cents sujets britanniques implantés et éparpillés dans une masse d'habitations et de villas charmantes, étagées principalement sur les hauteurs de Saint-Cyr, de Saint-Symphorien et de Sainte-Radegonde, puis en diminuant sensiblement, à mesure de l'éloignement, sur les premiers versants qui dominent le couvent de Marmoutier, consacré au Sacré-Cœur. Mais cet engouement a bien diminué depuis plusieurs années, et Albion, qui émigre toujours, va demander aujourd'hui à des climats plus doux de la France méridionale, par conséquent plus caressés par le soleil et où il est en même temps plus avantageux et plus aisé de vivre, la réalisation de ses anciennes illusions perdues ou compromises, non positivement sous le rapport de la beauté traditionnelle et véritable des sites de la contrée, mais sous celui beaucoup plus sérieux et réel de l'économie, question grave autour de laquelle gravite avec raison l'humanité entière.

Le pays est beau, fort beau assurément, mais est-il vraiment plus riche et plus productif que bien d'autres points de notre féconde patrie qui n'ont pas le bonheur de jouir d'une si pompeuse renommée?... Car là est le nœud gordien de la vérité vraie; là est l'explication d'un enthousiasme en décroissance; là enfin est la révélation d'une sorte de froideur graduellement ascensionnelle et inconsciente qui, à la longue, détermine l'abandon de la part de nos voisins d'outre-Manche.

Sans condredit, lorsqu'il ne s'agit que de contemplation pure et simple, l'aspect de Rochecorbon, où l'on voit encore les restes de la *Lanterne* du même nom, (si célèbre par les hauts-faits un peu corsés et excentriques du baron des Adrets à l'époque funeste des Huguenots, auquel baron des Adrets, qui exécutait les ordres du seigneur de Rochecorbon, il fut répondu par un des prisonniers — qui était une prisonnière — qu'il faisait sauter à tour de rôle du haut de la plate-forme en bas du rocher, et qui s'y reprenait à plusieurs fois pour faire ce saut autrement périlleux que celui de Leucade : *Je vous le donne en mille!* .. présence d'esprit qui lui sauva la vie); — Vouvray, le terroir de vignobles fort estimés à juste titre ; et une foule de localités dont la plupart des habitants, comme du reste ceux dont la résidence vient d'être nommée, demeurant aussi dans le roc creusé et fouillé de la façon la plus curieuse, la plus bizarre et la plus originale, rendent incontestablement le panorama des bords de

la Loire aussi surprenant que ravissant; à tel point que
cette perspective, dans les beaux jours du printemps, avec
la douce adjonction des rêves dorés de l'imagination, peut
faire songer vaguement aux rivages et aux grands horizons,
uniques au monde, du Bosphore de Thrace, à ceux qui ont
pu admirer, de la rade, au soleil levant et avant de débar-
quer, les enchantements de Stamboul!

Mais, je le répète, si c'est réellement une raison victo-
rieuse et majeure pour tant vanter la Touraine et en faire
l'Eden des 89 départements de l'empire français, à ce seul
point de vue artistique, j'estime qu'il y a d'autres considérations non moins majeures et à mettre en parallèle, celles
des avantages pécuniaires attachés à d'autres pays plus à
l'écart, où les grandes et rapides voies de communication
n'ont pas encore imposé la loi rigoureuse et irrémédiable
de leur niveau dans les prix des objets des premiers besoins
de la vie.

Mais ce ne sont pas exclusivement ses vins, ses céréales,
ses fruits, ses éternels pruneaux, dira-t-on, qui ont fait à
cette province sa juste et magique réputation de beauté; de
plus, objectera-t-on encore, distinguons, cette vallée passe
pour le *jardin* et non pour le *grenier* de la France.

D'accord, dans ce cas, oh! parfaitement d'accord!... Car,
en abandonnant le côté utilitaire, le côté du positivisme,
celui de l'exubérance supposée des produits nécessaires à
l'existence, on ne peut alors méconnaître toutes ces splendeurs du sol et ne pas admirer, comme ils le méritent en effet
au seul point de vue de l'idéalisme poétique, ces verdoyants
paysages de la Loire, ces superbes châteaux historiques,
ces ombrages tant vantés, ces échappées changeantes, vrais
kaléidoscopes de la nature qui servent de parure, sans
conteste, au cours majestueux du grand fleuve; on ne peut

nier enfin tous les attraits enchanteurs de la patrie de Charles VIII, d'Agnès Sorel, de Rabelais, de Gabrielle d'Estrées, de Descartes. de La Vallière, de Balzac et d'Alfred de Vigny !

En définitive, si, dans toute son étendue, la Touraine, cette sorte de Mésopotamie occidentale, par toutes les rivières qui la traversent, et dont cinq imposent leurs noms à autant de circonscriptions départementales, mérite les louanges, — que je trouve à coup sûr très-légitimes, en ne dirigeant la lorgnette que d'un seul côté, — louanges que lui adressent tous les géographes, dont beaucoup néanmoins ne le font que par tradition, sans s'être rendu compte personnellement, *de visu*, de la valeur positive et intrinsèque de leurs assertions conventionnelles, l'expression de *Jardin de la France* ne touche en rien la capitale de ce charmant pays; et nous allons tâcher de le prouver.

Tours, en sortant de la gare du chemin de fer, en traversant le Mail, c'est-à-dire les superbes boulevards Heurteloup et Béranger, plantés d'ormes séculaires de haute futaie, dont le faîte s'arrondit en berceau ou en dôme de verdure; en parcourant d'un bout à l'autre la large et belle rue Royale qui aboutit d'un côté aux quais de la Loire, d'où l'on a un des plus magnifiques tableaux qui se puissent voir, et de l'autre aux platanes de l'avenue de Grammont qui conduit au Cher; Tours, disons-nous, présente certainement un aspect grandiose et séduisant au plus haut degré; mais dès qu'on pénètre dans le labyrinthe inextricable des petites rues si nombreuses qui s'éloignent de cette principale artère, – la rue Royale, — et quelques autres rues adjacentes, telles que celles des Fossés-Saint-Georges, de l'Archevêché, etc, que voit-on? des ruelles tortueuses et bancroches, au pavage impossible, qui ont inévitablement occasionné bien des entorses; de vieilles maisons chassieuses et borgnes, qui ont encore, comme on disait jadis, pignon sur rue; qui, en un mot, n'ont pas fait volte-face et ne se sont pas retournées depuis François Ier... et peut-être avant; des constructions fantastiques qui sont couvertes d'ardoises écornées depuis le haut jusqu'en bas, ce qui leur donne un air triste, maussade, morne, lugubre et délabré, avec leurs coiffures en éteignoir, autrement dit leurs toits pointus comme ceux des vieux monastères, et leur aspect sombre et malpropre. Affreux ensemble, coup d'œil lamentable reportant la pensée aux maltôtiers et aux truands des bonnes villes du moyen-âge, que l'on est presque étonné de ne pas voir apparaître en guenilles dans ces espèces de cours des miracles.

Oh! certes, M. Haussmann, l'homme prédestiné pour la réédification de Paris (𝕳𝖆𝖚𝖘, *maison;* 𝕸𝖆𝖓𝖓, *homme*), ferait bien de passer par là; il aurait de l'ouvrage!

Sans doute les Anglais nomades, en dressant leurs tentes au milieu du *Jardin de la France*, croyaient trouver dans la cité autour de laquelle ce *Jardin* rayonne un *fac-simile* de la terre Promise, ou plutôt le pays de Cocagne par excellence! Mais peu à peu la vérité se fit jour. Ils trouvèrent toujours le bassin de la Loire admirable et splendide; mais ils trouvèrent aussi, comme nous, que Tours était et est de plus en plus une ville où il faut jeter l'argent par les fenêtres ou semer les *banknotes* dans les magasins, et cela grâce à eux qui ont tout fait renchérir, par suite peut-être d'une certaine exploitation mercantile qu'ils ont subie en leur qualité d'étrangers, et dont nous subissons aussi à notre tour le contre-coup fatal. Ils trouvèrent que Tours a un grand nombre de fort laids recoins, de ruelles à l'état embryonnaire et privées de jour, avec des ruisseaux infects et boueux dans le milieu, et des bornes innombrables, mais relativement utiles de chaque côté, qui servent surtout à se garer des voitures, lesquelles ne peuvent passer là qu'une à une avec difficulté, en cahottant et en rechignant; et souvent même elles ne peuvent point passer du tout parce qu'il n'y a passage que pour un ou deux piétons seulement; ils trouvèrent que Tours, où l'asphalte est à peu près inconnu, a des casse-cous pour trottoirs dans les rues étroites qui sont pourvues de ce simulacre d'embellissement; ils trouvèrent enfin que l'humidité pernicieuse occasionnée par les inondations perfides, redoutables et beaucoup trop fréquentes de son beau fleuve qui renouvelle de temps en temps quelque lugubre épisode digne du déluge mosaïque, rendent insalubres une foule de maisons vermoulues, surtout dans les quartiers éloignés, vieux et décrépits; et alors, ma foi, alors ils s'aperçurent tardivement, aux dépens de leur expérience, que l'on peut appliquer à bien des livres qui les avaient traîtreusement attirés dans cette ville, dont on a surfait la réputation à bien des égards, quelque chose d'analogue à ce dicton allemand que j'ai retenu depuis mon enfance :

Er lügt wie eine Zeitung !

(Il ment comme une gazette.)

Ce que je viens de dire est peut-être un peu trop exact et ressemblant; qu'y faire? La photographie a aussi sa manière brutale d'exprimer et parfois d'exagérer la vérité. Cependant la photographie règne et régnera sans cesse tant que le soleil luira pour tout le monde.

Mais, m'objectera-t-on encore, ces laideurs dont vous vous plaignez, ces prétendues verrues qui, à votre point de vue, détériorent une cité dont vous reconnaissez parfaitement d'ailleurs toutes les beautés, les archéologues et les peintres ne les envisagent pas de la même manière. Si ces ruelles, ces masures étaient détruites et remplacées par des rues et des bâtisses élégantes, tirées au cordeau, évidemment plus en harmonie avec notre époque, l'art n'y perdrait-il pas un des plus précieux fleurons de sa couronne ?

Mon Dieu, je répondrai à cela que tout en respectant les penchants artistiques, — dont je puis aussi me taxer un peu, — la peinture et l'archéologie, qui s'en pâment d'aise, ne sont, dans ce cas, le fait que d'une très-faible minorité ; et qu'il est sage, à mon sens, quand on est *dans le mouvement*, comme on dit aujourd'hui, quand on vit dans le présent, de ne pas trop chercher à vouloir revivre dans le passé, bien qu'on prétende que les minorités aient parfois raison contre les majorités. Qu'on en laisse un petit coin de ce passé historique, de ces vieilles constructions pleines de cachet par leur vétusté, que le *vox populi* lui-même, qui n'a pas toujours tort, n'a pu s'empêcher d'appeler la *Ville perdue*, et qui forment un bon tiers du chef-lieu de la Touraine ; alors, comme tous les étrangers, je me tiendrai pour très-satisfait, car je ne suis pas insensible non plus, je le dis encore, à ce que les âges écoulés laissent parmi nous, par quelques curieux jalons, un souvenir digne certainement du noble culte de tous les hommes de goût.

Dans tous les cas, il est permis de se tromper quelque peu dans un jugement semblable, qu'il est loisible à chacun d'échafauder à sa manière ; cependant, je ne pense pas m'être fourvoyé outre mesure, car ce ne sont pas que des appréciations personnelles que j'avance, des arguties humoristiques et aventurées que je pose, ce sont des faits ; — et les faits sont et seront toujours des faits, quoi qu'on en dise, et de quelque façon qu'on les présente.

Il est bon de faire remarquer ici que l'esquisse que je viens de crayonner à grands traits sur la Touraine et son chef-lieu, et dans laquelle, forcément, je parle beaucoup des Anglais, ne saurait aucunement être interprétée en mauvaise part. Il n'y a là nul parti pris de récriminer, ni sur les hommes, ni sur les choses; et je suis tout disposé à répéter cordialement avec notre proche et bonne voisine l'Angleterre, au sujet des libres pensées des six ou sept pages de hors-d'œuvre qui précèdent et qui, après tout, ne doivent blesser personne : *Honni soit qui mal y pense !*

Enfin, quoi qu'il en soit, laissons à chacun ses opinions et ses croyances, vraies ou fausses.

Revenons au Jardin Zoologique, abandonné par nous pendant quelques instants, ce dont nous demandons, de rechef, bien pardon à nos lecteurs. Nous promettons formellement, sous aucun prétexte, de ne plus sortir de notre sujet.

Nous allons donc maintenant, rentrant de plain pied dans l'Histoire naturelle, passer rapidement en revue les *Mammifères* et les *Oiseaux* qui peuplent le parc affecté à leurs ébats ainsi qu'à la propagation de leurs espèces, et qui fait suite au Jardin Botanique dont il est le couronnement.

On voit d'abord une Chèvre d'Egypte (*Capra œgyptiaca*), qui a une physionomie toute joviale, juvénile et hétéroclite, avec son nez busqué, ce qui gratifie son profil facial de la figure géométrique d'un demi-cercle que l'on dirait tracé au compas par Archimède lui-même.

Un peu plus loin se remarque un autre représentant de la race caprine, une Chèvre d'*Angora*, aux longs poils blancs et soyeux, et aux cornes effilées, presque sans courbure, renversées en arrière. Ce ruminant ongulé, que l'on supposerait, à première vue, venir du Thibet en droite ligne, à cause de sa fourrure abondante, vient de beaucoup moins loin : il est originaire de l'Asie Mineure.

A côté, dans un autre compartiment ou bergerie, se démène comme un diablotin une autre toute petite Chèvre (*Capra nana*), du Sénégal, qui n'a de remarquable que l'exiguïté de ses proportions ; et enfin, pour changer, divers autres types du même genre, qu'il serait fastidieux de dénommer avec portraits à l'appui.

Il y a encore le Mouflon à manchettes (*Ovis tragelaphus*), dont plusieurs individus sont nés au Jardin des Plantes de Tours. Sans consulter Buffon et Geoffroy Saint-Hilaire, on peut avancer hardiment que c'est un fort joli et assez grand animal, avec des bracelets de longs poils aux pattes de devant, d'où il tire son nom, et ayant la tête surchargée de cornes d'une grosseur insolite, simulant la forme graphique d'une accolade. Le Mouflon dont il s'agit est très-doux et surtout très-mendiant, comme toutes les bêtes apprivoisées des Jardins zoologiques, et ne fait pas la moindre façon pour accepter fort délicatement, dans la main, le pain qu'on lui présente.

Que sais-je? On remarque aussi une intéressante et nombreuse famille de Kanguroos (*Halmaturus Benetti*), qui sont nés également au Jardin de Tours. Ces *Marsupiaux*, un peu sauvages, sont originaires de l'Australie. Leur poche ou bourse abdominale, à l'instar de celle des Sarrigues, offre un singulier tableau lorsque leurs petits y sont nichés et sortent leurs têtes pour regarder ce qui se passe autour d'eux ; laquelle progéniture reste tranquillement tapie en ce lieu de refuge, comme dans une chaire, sans souci des gambades et des évolutions maternelles. Les sauts et les cabrioles déhanchés et grotesques des Kanguroos sont, comme chacun sait, forts divertissants, avec leurs toutes petites pattes de devant qui sont à peu près inutiles, leurs jambes de derrière au contraire d'une longueur excessive, et leur énorme queue traînante qui leur sert constamment de point d'appui, concurremment avec les robustes pattes postérieures, lesquelles leur donnent une légèreté, une force impulsive que je crois pouvoir, comme point de comparaison, qualifier d'*acridienne*, en empruntant cette expression au vocabulaire entomologique, à la dénomination des Sauterelles, ces insectes sauteurs par excellence.

Rien n'est plus drôle non plus, — il ne faut pas omettre ce détail curieux, — que la manière grotesque dont cet animal fait exceptionnellement usage, pour la marche, de ses pattes de devant; il s'appuie dessus, et, par une oscillation des hanches, fait passer en avant ses grandes pattes repliées, qui dépassent alors les petites, ce qui donne à cette sorte de locomotion lente et disgracieuse une complète similitude avec celle des culs-de-jatte.

Les Lamas, de la tribu des *Caméliens*, mais sans protubérance dorsale (*Auchenia Lama*), de l'Amérique méridionale, forment également une société de quatre ou cinq grands gaillards, au long cou et aux oreilles au guet, qui ont vu le jour au Jardin des Plantes.

Voilà en somme, en fait de quadrupèdes de races différentes, tout ce que nous possédons; plus quelques autres Chèvres, — ce qui décidément paraîtrait corroborer, pour la ménagerie tourangelle, un cas notoire de *capromanie*, — car il y en a encore un certain nombre dont je n'ai pas parlé pour éviter la confusion, et dont les maris, messieurs les boucs, à l'odeur forte *sui generis*, que trahissent de loin de pénétrantes émanations affectant l'impressionnabilité des nerfs olfactifs, ne sont pas aussi placides ni aussi débonnaires que leurs chères moitiés. En effet, ces grincheux pensionnaires ébranlent sur les spectateurs les palissades derrière lesquelles ils sont parqués, en y assénant avec colère de vigoureux coups de tête, et en grommelant lorsqu'on les taquine un peu, rebuffades dont il est prudent de prévoir les chocs violents pour s'en garantir.

Au bout de ce Jardin d'essai et d'acclimation se dessine une sorte de belvédère peu élevé, couvert simplement en chaume, mais avec cette simplicité élégante que veut et recherche l'art; lequel kiosque est muni de banquettes à l'entour, où l'on peut trouver un refuge contre la chaleur ou la pluie, à peu de distance d'un groupe de cèdres d'une assez belle venue.

A dix pas de là, on a creusé une mare irrégulière, ornée d'îlots de peupliers; cette pièce d'eau est alimentée sans doute par le Cher, qui coule dans les environs. Là, barbottent, nagent et plongent des *Canards*, des *Sarcelles*, des *Oies*, des *Cygnes blancs* et des *Cygnes noirs*, ces derniers au bec rouge de corail, avec une bande blanche comme de la porcelaine au bout; enfin le tout représentant une bruyante petite flotte de rameurs palmipèdes, de toutes formes, et aux plumages lustrés et variés à plaisir; qui, tous sans exception, grands et petits, exercent aussi la mendicité sur une vaste échelle, au détriment de parcelles de pain et quelquefois de brioche que des mains enfantines, toutes glorieuses de leurs largesses et de leurs exploits, veulent bien leur distribuer, au milieu d'une naïve et tapageuse allégresse, — absolument comme cela se pratique aux bords des lacs du bois de Boulogne.

Puisque nous en sommes au défilé des Oiseaux, il faut citer le Nandou (*Rhea americana*), autruche qui provient de l'Amérique méridionale, espèce de moitié moins grande que celle d'Afrique, dont elle a du reste le port circonspect et toutes les allures effarouchées ainsi que la voracité incongrue, gloutonnerie qui lui donne forcément une hardiesse de contrebande, je veux dire factice et de faux aloi : — « *Ventre affamé n'a pas d'oreilles.* » — Cependant il ne faut rien exagérer, car on parvient à amener ces gigantesques oiseaux à l'état de domesticité.

On cherche ensuite vainement le Céréopse cendré (*Cereopsis Novæ-Hollandiæ*), qui fait élection de domicile, à ses heures, dans le voisinage des précédents, et dont je ne dis rien, parce que je n'ai jamais pu voir que son écriteau ; à moins que ce ne soit, ce qui est plus que probable pour ne pas dire certain, cette espèce particulière de grosses oies, effectivement cendrées et un peu ponctuées de noir en dessus, avec un bec couleur de soufre, que j'ai vues courir partout dans le jardin.

Il faut citer encore, pour clore définitivement notre description, parmi les *Gallinacés*, des Faisans dorés (*Phasianus pictus*), de la Chine, à huppe renversée, à collerette aux tons de feu et à très-longue queue; ainsi que des Faisans argentés (*Phasianus nycthemerus*), de même provenance, à la robe de satin blanc, zébrée de fines lignes noires, oiseaux acclimatés en France depuis longtemps, qui émaillent la verdure de la magnificence de leurs plumages.

Et, parmi les *Grimpeurs*, des Perruches ondulées (*Psittacus undulatus*, Lath.), de couleur verte, avec ondulations noires au col, toutes mignonnes et en petit nombre. Puis des Perruches *callopsittes*, de la Nouvelle-Hollande, à huppe jaune-clair, droite comme une flamme, au plumage gris-cendré, sauf la tête qui est jaunâtre avec une tache toute ronde, d'un rouge orangé éclatant, près de l'oreille, et qui produit un singulier effet. Ces oiseaux, perchés les uns et les autres dans deux petites volières, ont pour nids des bûches perforées ou plutôt évidées.

Il ne faut pas omettre surtout des Cigognes vagabondes, maraudeuses et gloutonnes (*Ciconia alba*, Vieil.), qui se promènent partout en liberté, d'un pas grave et mesuré, faisant impitoyablement et radicalement l'échenillage, ainsi que la chasse aux escargots qu'elles gobent sans sourciller, quelques gros et ventrus qu'ils soient, avec leurs coquilles. Mais ces Oiseaux voraces le plus souvent se tiennent cois, imperturbablement en équilibre sur une seule patte, le bec baissé vers la terre, attitude on ne peut plus taciturne et rêvassière. Malgré cela, ces *Echassiers* ont aussi, de temps à autre, leurs moments d'impassible et froide joyeuseté, surtout lorsqu'ils happent à la volée les aliments qu'on leur adjuge avec plus ou moins de prodigalité ou de parcimonie, et qui s'engloutissent au fond de leurs gosiers insatiables en décrivant une parabole, — ainsi que font les chiens savants doués d'une adresse foraine et acrobatique ou d'une intelligence à la *Munito*, qui auraient été dignes de faire figure sur le fameux théâtre du fameux Nicolet, de mémoire proverbiale et légendaire!

Voilà tout ce que j'avais à dire au sujet du Musée d'Histoire naturelle et du Jardin des Plantes de Tours.

Je remercie la Société Linnéenne, qui a bien voulu, lorsque j'étais un de ses membres résidents, faire bon accueil au concours dévoué que je lui ai toujours prêté avec empressement, et qui veut bien, cette fois encore, m'ouvrir avec sa gracieuse courtoisie habituelle les colonnes de ses intéressantes annales.

Tours, 17 juillet 1869.

*Extrait des Mémoires de la Société Linnéenne
du Nord de la France, t. 11, p. 280.*

AMIENS. IMP. DE LENOEL-HEROUART.